寻根溯源学汉字 轻松易懂又有趣

一字一世界

⑪
M-N-O-P

颜煦之 著

认识汉字·理解汉字·掌握汉字·运用汉字

湖南教育出版社

图书在版编目（CIP）数据

一字一世界．11，M-N-O-P／颜煦之著．－－长沙：
湖南教育出版社，2019.4
ISBN 978-7-5539-6418-8

Ⅰ．①一… Ⅱ．①颜… Ⅲ．①汉字—通俗读物 Ⅳ．
① H12-49

中国版本图书馆 CIP 数据核字（2018）第 232505 号

责任编辑：李　好　　丛书策划：申晓华　　审读统筹：申晓华
　　　　　　　　　　版式设计：申曜年　　责任校对：邓　芳

一字一世界　11, M-N-O-P
YI ZI YI SHIJIE　11, M-N-O-P

出版发行：湖南教育出版社
　　　　　（地址：湖南省长沙市韶山北路443号　邮编：410007）
经　　销：全国新华书店
印　　刷：北京盛通印刷股份有限公司
　　　　　（地址：北京市经济技术开发区经海三路18号）
版　　次：2019年4月第1版
印　　次：2019年4月第1次印刷
开　　本：787 mm×1092 mm　1/16
印　　张：13
字　　数：160千
定　　价：39.80元
书　　号：ISBN 978-7-5539-6418-8

序

为他人写序无数，还从来没有一次像写这个序那样踌躇，那样焦虑，那样迟迟不能下笔，一再延宕。本是一件"轻而易举"的事，却总是不能完成，几乎日日纠结在心。自己都觉得奇怪。今天，终于坐到了桌前。因为，实在不能再拖延了——那边在急切地等着发稿呢。

造成如此状况，大概是因为我和煦之先生的友情实在太深、太浓、太厚了——总想写一个对得起朋友的序，正是这番对友情的特别在意，使得自己反而一拖再拖难以落笔了。

其实，这个序写得好或坏是无所谓的，甚至可以没有这个序，因为，他做的事，白纸黑字都明明白白地摆在眼前，其价值和意义是不用人再絮叨的。写个序，只是戴个"帽子"，不至于看上去太"秃"罢了，将区区一个小序看得那样"严重"，实在没有必要。

两年前在南京与煦之先生相会，他送了我一套他著的趣谈汉字的书，厚厚四册，我当时十分吃惊。回到酒店，埋在沙发中翻看，见他做的竟然还是含了学术——甚至是很学术的事情，更是吃惊。后来，我遇见谁都会提起这套书，一说书的妙、书的趣；二说煦之先生做事总不按常规，动不动就干出出人意料的事情来。不久，与好友方国荣先生谈出版之事，听他兴致勃勃地说要做一套关于汉字与人生方向的书，便立即将煦之先生的著作介绍给他。他也吃惊不小，很快就和煦之先生联系上了，没想到煦之先生竟神奇地又成就了一套方国荣先生心中所希求的新书。

此套书共十一册，还是关于汉字的。

细想想煦之先生做成此事，其实也无令人吃惊之处。他这个人，既是性情中人，又是一个执专心的人。一旦决定做一件事了，天底下也就只有这样一件事了。雷打不动，五头大牛未必能将他拽回。若是在夏季做事，你都能想见他干活时的样子：将门关住，短裤背心，甚至赤膊上阵，宽阔的脑门子上汗津津的，短而厚的手捏住笔就不肯放下，困顿时冲冲凉水澡，拍拍胸脯，拍拍脑门，提提神，接着再干。你以为他做的事，总出乎情理，而事实上，他做事就像他的体型一般稳重，方而正。这也是他的品格。

这一回，他的事做得有点大。

汉字文化，是个大题目，是一个意义非凡的大题目。九年义务教育新课程标准已经出台，与此前课标相比，其中一条被特别强调：要使学生懂得，汉字不只是一种纯粹的书写符号，也蕴含深厚的文化。煦之先生的研究事先当然与新课标毫无关系，只是他的思考与新课标的新维度暗合了。这也许是真知灼见者的不谋而合——所谓"英雄所见略同"。这套书，无意中可成为日后学生和语文老师学习、讲解语文的难得的参考书籍。

汉字是中国人极端聪明、非凡才智的结晶。有人在拿它与种种拼音文字进行比较时，故作深刻地说拼音文字是高度抽象能力的结果，那意思是说人家的东西要比我们的技高一筹。此等说法，不免肤浅。他们将象形文字的汉字，看成了依样画葫芦式的幼稚了，殊不知它的抽象能力其实是无与伦比的。这一个个神秘的方块字，无所不能，说事说理，皆妙不可言。我们可用它最完美地叙述这个世界，也可用它阐述这个世界上最精辟的原理和哲思。它的高度活性，字与字之间的微妙差异以及组词之后的无限能力，是任何一个熟练掌握它的人都会感到惊讶的。它是"魔方"。具象与抽象的完美统一，已抵达天造地设般的境界，使人觉得它本是造物主所使用的文字，是天然的。

更妙的是，一个个字，并不只是说事说理的符号，它们自身就是有意味的，甚至是有无穷意味的，一个个都是可以加以解读和欣赏的。从它们诞生的那一刻开始，它们就负载了若干意味。它们在不断变形的过程中，还暗含了历史的变迁。到了今天，每一个字，都有它的历史。"一字一世界"，还不抽象吗？抽象程度还要多高？可它确实又是形象的，因此，它与别种文字相比，又有了一个特殊的功能：审美。

它直接产生了一门艺术：书法。

从古至今，那些书法大家，用他们各具特色的书写，为我们提供了一个丰富的艺术世界。这个世界陶冶了中国人的性情，提升了中国人的生命境界。

煦之先生对汉字的认识价值和审美价值的理解与分析，就在这十一册书中。

写到此处，我忽然想起两件事来。一件是，好几年前，有个思维独特的年轻人四处奔走，并到处分发传单，说他经过长时间的研究发现，以英语为代表的拼音文字，其实也是一种象形文字。可是没有一个专家理会他。现在，这个年轻人不知到哪里去了，不知是否还在坚持他的"异端邪说"、继续他的"荒唐"研究。另一件是，一个大规模的制作和推广英语电子词典的公司的老板，向我展示了他的研究成果。他的研究成果与那个年轻人的结论一致，只是更加学理化：英语，也是一种象形文字。他当场向我解读了一个个英语单词，告诉我它们都是"象形的"。这个老板是学英语出身的，我当然不敢苟同他们的看法。但这两件事，倒使我看到了一个认识上的变化：作为象形文字的汉字，倒成了人家比附的文字了。

进入汉字魔方吧，其乐无穷。

2014年11月1日于北京大学蓝旗营小区

曹文轩，当代著名作家，精擅儿童文学，任北京作家协会副主席，北京大学教授，现当代文学博士生导师，儿童文学委员会委员，中国作家协会鲁迅文学院客座教授，是中国少年写作的积极倡导者、推动者。主要文学作品有《山羊不吃天堂草》《草房子》《天瓢》《红瓦》《根鸟》《细米》《青铜葵花》《大王书》等。

自序

当你拿起这本书,翻到这一面,我们就算有了一面之交。我很想拉着你的手,跟你聊两句。不多,就这么几句。

我这人一生与书有缘:读书、教书、编书、写书、出书、卖书、藏书……虽然如此,而今我却还是常读错字、写错字、用错字,还有很多不认识的字。究其原因,跟自己菲才寡学、天资愚钝有关。另外,恐怕跟汉字既多又难认难记有关。

汉字大约有十万个,常用的虽然只有三千来个,但要记住却非易事。据说,外国人把最难办的事说成"这比学汉字还难"。正因为此,近几十年来,国家成立专门机构,搞汉语拼音和汉字简化。

如今,全球有数千万"老外"学汉语,加上母语为中文的华人,使用汉字的多达十四亿人。怎样让这么多人轻松愉快地学汉字,是件十分有意义的事。我愿为此稍尽绵薄,所以编写了这本书。

汉字,是世界文化的明珠,是中华民族的骄傲。汉字,是先民们历经数千年,把对自然和社会的认识,巧妙地移植到一笔一画上而形成的。汉字,源远流长,魅力无穷,超群绝伦,华夏儿女应该发扬继承。

汉字,不仅仅是符号。对汉字,光凭眼睛看是不够的,形、音、义三位一体,那得细细品味,慢慢咀嚼,才能品出味儿来。有些字,是一幅生动的图画;有些字,是一个有趣的故事;有些字是一段复杂的历史;有些字,说的是生活常理;有些字,谈的是科学道理;有些字,讲的是深刻的哲理。每一个字,都值得我们欣赏、品味和探讨。若三五同好,聚在一起,谈古说今,咬文嚼字,得其三昧,那真是其乐无穷。

前人和当今有识之士,对汉字做了大量深入的研究,著述浩如烟海,硕果累累。作为门外汉,我不揣冒昧,也挤将进来,凑个热闹。

我将两千多个常用字,以科学分析和有趣故事相结合的方式,编写成这套书。我所讲解的每一个字,分为前后两部分。前半部分,我将这个字的形成、演变过程以及字形、字义、读音作简要介绍。凡此，仁者、智者，各有见解。我博采众长，或综合为一，或分别罗列，任君选择。后半部分，我以小故事等形式，更形象、更生动地来解释这个字的形、音、义。我不仅讲这个字的用法，而且讲这个字的结构特征，讲这个字笔画的用意，讲这个字和相似字之间的区别。我还特别注意解释字的读音，以便区别这个字与其它谐音字之间的区别与联系。我讲了两千多个汉字故事，与这些故事相关联的汉字有六千多个，几乎包括了所有的常用字。这便是字中有字，这才是真正的汉字故事。

顺便说一句，这里的故事，有些是我的创作；有些是据资料编写；有些是来自民间的汉字俗解。其中有些内容，"俗文学"也罢，荒诞也罢，读者朋友切莫当真。你尽可把先贤们的论著当作学术理论，把我这儿写的，权且当作插科打诨。因为我的目的很简单，我只是想通过这些小故事、小笑话，以及诗词、对联、谜语、民歌、童谣、字谜、谐音、测字、解字、解梦、避讳这些形式，加上奇闻轶事、文坛掌故……以此搭座桥、凑个趣，使朋友们认识这些字，辨别这些字，掌握这些字，记住这些字。

我愿把这套书，献给对汉字情有独钟的朋友。让大家在茶余饭后，有个谈笑的话题。这种话题，雅俗共赏。

我愿把这套书，献给学汉字的外国朋友。让他们更多地了解汉字的丰富多彩。愿他们在轻松愉悦中掌握汉字。

我愿把这套书，献给青少年朋友们。让他们在课外阅读时，带着笑脸，品味每一个字的结构和内涵。

我愿把这套书，献给我的教师同行们，为他们在备课时提供点资料，使他们在讲课时增加点情趣，让他们在课堂上引发出阵阵欢笑声，使孩子们在寓教于乐中理解汉字的博大精深。

当你手捧这一套沉甸甸的《一字一世界》时，我要深情地向你介绍为这套书的出版作出不懈努力的至爱亲朋。首先要说的是我的出版人申晓华先生。他不辞辛劳，担当风险，近十年来不离不弃，专注于此书的出版发行。好友曹文轩先生，热情为这套书作序，为这套书增光添彩。资深编审王林军先生，是这套书第一版的责任编辑，他为这套书奠定了基础。著名画家，装帧设计家朱成梁先生，为这套书的第一版，设计了精美的封面和版式。著名漫画家何天卫先生和叶霆先生，为这套书提供了大量生动活泼的插图和图案。著名儿童文学家方国荣先生，为这套书的第二版出版，作出了不懈的努力。这套书由第一版的七百余汉字故事，增补为两千余故事，经历了十多年的艰辛创作，其间幸有编审谢芳女士，著名汉字研究专家唐汉先生，古典文学博士陈光先生，著名青年书法家陈义望先生……他们参与了这套书的审读、修订和把关，指出了书中的不足和差错，保证了这套书的出版质量。因为这套书讲的是汉字知识，出版社是以辞书的标准来保证这套书的质量的。

　　图书出版，是很难完美无缺的，总会留下一些缺憾。这套《一字一世界》也概莫能外。我壮志不已，耕耘不辍，仍在收集汉字故事，愿继续努力，将三千多常用汉字，都配上生动有趣的故事，编成一本既可当字典，又可当故事的"阅读字典"，以供读者朋友们赏阅。

　　说到读者朋友，我激动不已，感慨万千。自该书出版十多年来，因书中有我留下的手机号码，我先后收到一百余位读者来电。有的指出差错，有的提出建议，有的给予鼓励，有的提供故事，有的只讲了几句：感谢你，继续努力……

　　我决不辜负读者朋友的厚爱，再接再厉，使这套书日臻完善。如你购得此书，那我们也就心灵沟通，成为志同道合的文友。君不闻，前世修得八百次回眸，今生方得一次擦肩而过。你我有缘，你才翻阅此书。以书会友，是我三生有幸。

　　如蒙赐教，请记住我的手机号码：13705181009。我当洗耳恭听。

　　感谢你阅读此文！
　　感谢你阅读这套书！

二零一九年三月
于南京长江大桥堍

目录

M

人的眼睛——目 / 一日之内——目 …………… 2

用水洗头发——沐 / 从"沐浴"谈古代人"洗澡" …… 4

赶牛吃草——牧 / 柳宗元梦见柳树倒地——牧 …… 6

小土丘——墓 / 莫下有土——墓 …………… 8

太阳落到草丛中——暮 / 烈士"暮"年，修身养性 …… 10

N

手指并拢拿东西 / 拿在"手"上 …………… 14

古代西部的国名——那 / 那拉求测"那"字 …… 16

水浸入丝内——纳 / "笑纳"天下客 …………… 18

用手按住——捺 / 撇"捺"人生 …………… 20

口中呼气很困难——乃 / "乃"字少一捺 …… 22

海棠果——柰 / 拆迁队长拆"柰"字 …………… 24

剃去须发的刑罚——耐 / "能耐"和"能奈" …… 26

用力耕田的男人 / 摘掉穷帽栽富根——男 …… 28

悬挂的敲击乐器——南 / "南"人北相，什么东西 …… 30

用手捉鸟很困难 / 淮汉水流汇向东——难 …… 32

装东西的大口袋——囊 / "囊中羞涩"指没钱 …… 34

用手指甲轻轻扤——挠／"挠"和"百折不挠" ……… 36

心中烦闷苦恼／有心不想离——恼 ……… 38

囟门上长着长发的头脑／"脑"子进水 ……… 40

城门内是闹市／门庭若市——闹 ……… 42

进入范围之内／门"内"小儿在嬉戏 ……… 44

强壮像熊的野兽——能／台上月下比高低——能 ……… 46

相亲相近尼／再加一"夕"就是死——尼 ……… 48

含水多的土是泥／藕虽有孔，不染污泥 ……… 50

囟门未合的小孩——倪／"倪"和"端倪" ……… 52

十分亲密——亲昵／为儿取名"何必昵" ……… 54

前往迎接——逆／"逆我者亡"和"死有余辜" ……… 56

躲藏起来——匿／"匿"和"匿善" ……… 58

被水淹没——溺／师生共同说"溺"字 ……… 60

丰收背谷物回家——年／热热闹闹过大年 ……… 62

心中常常想——念／一"念"之差错错错 ……… 64

年轻善美的妇女——娘／别惹本姑娘 ……… 66

用酒原料高温发酵酿酒／"酿"酒缸缸好 ……… 68

昂首钩喙威严的大鸟／"宋一鹤"改名"宋一鸟" …… 70

体内排出的液体——尿／"尿"尿和烂泥 ……… 72

附耳窃窃私语——聂／"聂"生三耳 ……… 74

妾所生的孩子——孽／天作"孽"和自作孽 ……… 76

把你放在心上——您／有心与你来相配——您 ……… 78

有吃有住心安宁 / 无心"宁"国 …………………… 80

水遇寒冷而结冰——凝 / "凝"和"凝神" …………… 82

女孩子——妞 / "妞"妞拴牛 …………………… 84

弯角大耳长鼻梁的牛 / 三个秀才说"牛"字 ………… 86

系结用的带子——纽 / 偏正不倚双"纽"关心 ……… 88

双手玩赏玉器——弄 / 黄花"弄"女，女弄黄花 …… 90

手抓女为奴 / 女又可称奴 ……………………… 92

心中愤慨——怒 / 又女变心成怒 ……………… 94

从太阳得到温暖 / 冬天的太阳"暖"洋洋 ………… 96

老虎以爪搏击人——虐 / "虐"和"助纣为虐" …… 98

表示允诺的声音 / 无心惹出话来——诺 ………… 100

交臂跪坐的女子 / 温柔顺从的"女"字 …………… 102

O

从口中吐出——欧 / 欧大尹追粮 ……………… 106

能游水的飞鸟——鸥 / 一"鸥"菜子湖上游 ……… 108

仿照人制成的木偶 / 心理医生说"偶"字 ………… 110

荷莲的地下茎——藕 / 因荷而得藕 ……………… 112

P

心里恬淡无为——怕 / 人人"怕"死人人死 ……… 116

淘米水——潘 / 有水有田又有米——潘 ………… 118

抓住东西往上攀 / 李时珍说"攀"字 …………… 120

敞口浅圆形器皿——盘 / "盘"和"虎踞龙盘" …… 122

从己方分离出去——叛/"叛"和"众叛亲离" ……… 124
高大的房屋——庞/姓"庞"和螃蟹的关系 ……… 126
祭祀用的半边肉——胖/哑谜说"胖"字 ……… 128
手用力扔出东西——抛/"抛"和"抛砖引玉" ……… 130
总管厨房的厨师——庖/"庖"与"庖丁解牛" ……… 132
中式的长衫——袍/"袍泽"和"同胞"及"朋友" … 134
兽类用前脚刨土——跑/"跑"字的忠告 ……… 136
火烤泥包裹的肉——炮/纸包不住火——炮 ……… 138
唾弃作责之声——呸/众口难调——呸 ……… 140
重叠的土堆——陪/别把耳朵放错了——陪 ……… 142
长长的衣服——裴/骆宾王制谜反武则天——裴 ……… 144
系衣带上装饰物——佩/"佩"和"佩服" ……… 146
把酒分配给其他人/巴酉两属 百年匹配 ……… 148
气夺口而出——喷/"喷"与"喷饭" ……… 150
口大底小的用具——盆/半"盆"洗脚水 ……… 152

煮祭品供神享用——烹/"烹"天子父,为圣人师 … 154
两串贝壳为一朋/两个"月"字成"朋友" ……… 156
鼓声彭彭彭/老汉姓什么——彭 ……… 158
用双手托着——捧/奉承他人有一手——捧 ……… 160
头上顶着大东西——丕/曹"丕"当政不到十年 ……… 162
未烧制的陶瓷——坯/游陶都说"坯"字 ……… 164
用手剥兽类的皮/"狗屁不通"和"狗皮不通" ……… 166
像折叠好的一匹布/救命的一"匹"布 ……… 168

身体排出的臭气——屁 / 放不放由你——屁 …………… 170

古代的凌迟酷刑——辟 / "辟"与"复辟" …………… 172

用比喻说明事理——譬 / 苏东坡妙说"譬"字 …………… 174

人头斜向一边——偏 / "偏"和"偏听偏信" …………… 176

完整诗文编成册——篇 / "篇"和"连篇累牍" …………… 178

骗马后跃身而上 / 马受惊吓踏扁箱子——骗 …………… 180

拂去尘垢——撇 / 半空中"撇"下秋来 …………… 182

宝贝分光所以贫穷 / 老秀才写诗教子——贫 …………… 184

三"口"表示众多——品 / 想做一"品"官 …………… 186

乐声平缓 / 苹果园里很"平"静 …………… 188

议论事理求公正——评 / 评事街说"评"字 …………… 190

靠着茶几而坐——凭 / 全"凭"一片心 …………… 192

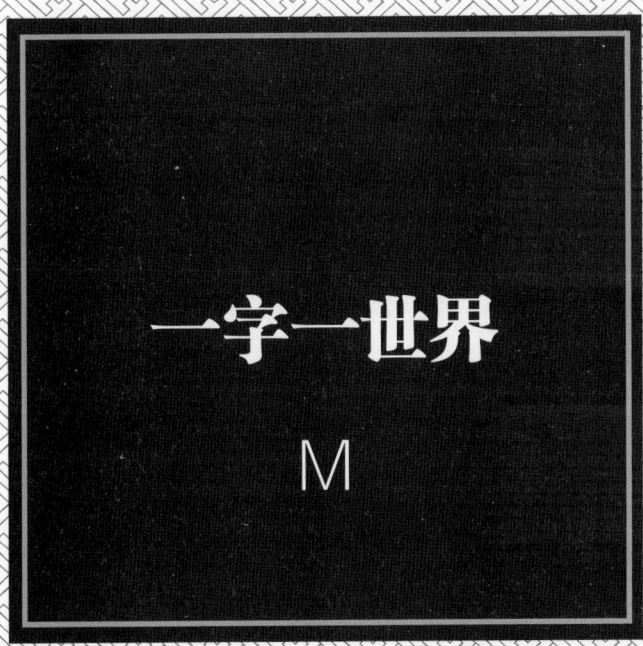

人的眼睛——目

mù 目

甲骨文

金文

小篆

隶书

目
楷书

"目"字是一个象形字,是根据人的眼睛形状创造、演变而来的。

眼睛是心灵的窗户,它是人的五官中最能传情达意的器官,也是面貌中的重要部分,所以我们在形容一个人容貌清俊秀丽时,常常会说"眉清目秀"。在现实生活中,我们将"面"和"目"合在一起使用,表示"人或事物的外貌、样子"。成语"面目全非"指样子完全不是过去的那样,形容变化很大。"面目一新",指样子完全改变,出现了崭新的气象。这些成语里的"面目"用的就是这个意思。

"目"字的本义是"眼睛",如闭目、目中无人、目瞪口呆。

"目"主要表示"看",如一目十行、一目了然。

为了让眼睛看得更加清楚,我们常常把原来没有顺序的事物整理出来,按序排列,所以"目"也表示"条目"的意思,如字典的"条目",还有"项目""细目",书本里的"目录""书目"以及"剧目"等。

眼睛要观察的范围虽然很广也很远,但是要想真正达到你想看到的那个事物,还需要不断努力,所以人们把为之努力,想要到达的地方称为"目的地",把想要达到的标准称为"目标"。

一日之内——目

关于"目",有这么一个字谜故事。

清朝咸丰皇帝驾崩后,懿贵妃和恭亲王密谋发动政变,将掌握朝政的肃顺等人一网打尽。

有个侍卫无意中得到了风声,想通知他在肃顺府中掌文牍的亲戚赶快逃走,又怕被人识破,便在一张纸上写了个"目"字,然后在后面点了一滴红印。

他的亲戚接到信,稍一琢磨,不禁吓出了一身冷汗:用"目"字做谜面,谜底乃是"一日之内",后面加一滴红印,分明是说"一日之内将有血光之灾"。

想到这儿,他赶紧找个借口,向肃顺请了个假,连夜逃出京城,捡回了一条性命。

巧立名目

用水洗头发——沐

mù 沐

甲骨文
金文
小篆
隶书
楷书

甲骨文的"沐"字是个会意字，字形是一个人伸头于盆中，用双手洗脸形。金文加以烦琐化，成了一人站在澡盆里，用双手端一锅水倒入洗浴盆中的形状。这个字的笔画多达二十六画。后来的变化很大，很复杂，隶变后楷书写作"沐"。

楷书的"沐"字是左右结构的形声字兼会意字。左边的"三点水"是形符，表示跟水有关。右边的"木"字为声符，读mù。这两个字形组合在一起，表示"用水洗头"。

古人为什么用"木"字作"沐"字的声符呢？这里有两种说法。一种说法认为，古人洗头或洗浴的浴盆都是用木制的，所以用"木"字作"沐"字的声符并会意。也有人认为，"沐"字中的"三点水"指雨水，"木"指树木。"水"与"木"结合，意为人在洗浴洗头时，像下雨时水从树上向下淋一样。所以古人用"木"字作"沐"字的声符并会意。

"沐"字的本义指"洗头发"。

"沐"字由本义引申泛指"洗涤"，如沐浴，即指"洗澡"。由此假借指"受润泽"，如秧苗沐浴着细雨，草木沐浴着阳光。"沐"字也用来比喻沉浸在某种环境中，如他们沐浴在青春的欢乐里。

"沐"字又引申指"承受恩泽"，如沐浴圣泽。"圣泽"指皇帝的恩泽。

成语"栉zhì风沐雨"，指用风梳头，用雨洗头发，形容在外奔波，历尽辛苦。这里的"栉"，指梳头，"沐"字指"洗头发"。

"沐"字也作姓氏用。

从"沐浴"谈古代人"洗澡"

"沐浴"是书面语,古时称"洗澡"为"沐浴",还由此产生了不少跟"沐"字相关的词汇,可见古人对洗澡是非常重视的。

据史料记载,在秦朝之前,那时的沐浴,不仅仅是一种清洁卫生的行为,而且在社会交往中,被视作一种礼节。人们在重要节日,或祭祀祖先,或接受重要礼物,当事者都要焚香沐浴,换上干净衣服去参加,以表示郑重和虔诚。臣子去朝见君王,也要先洗澡然后再去,以表示尊重。在这方面,孔夫子做得很严格,可算一丝不苟,他"沐浴而朝"的习惯是史书常常提及的。

对沐浴的礼节,当时是有明确规定的。《礼记》中写明:一般人应该每三天洗一次头,五天洗一次澡。家中有行动不便的老人,后辈儿孙要帮他们洗;对于住在家中的客人,主人也要让他们按时洗头洗澡。

《史记》"鲁·周公世家"一文中写到周公"一沐三捉发,一饭三吐哺,犹恐失天下之贤"。是记周公洗一次头,吃一顿饭要停顿三次来接待客人,形容他求贤若渴,谦恭下士,为延揽人才而忙碌。从中我们也不难看出,他是多么看重或喜欢洗头洗澡啊,忙成这样,也要坚持把澡洗完。

到了汉朝,洗澡更被人们所重视了,将"三日具沐,五日具浴"这个礼仪用法律条文固定下来。朝廷每五天便给官员放一次假,让他们回家洗澡,这个假日被称之为"休沐"。到了唐代,可能觉得每五天放一次假太频繁了,就改为每十天休息,沐浴一次,把这称为"休浣"。这样,恐怕连洗衣服的事也包括在内了。

到了宋朝和元朝年间,随着经济发展,城市繁荣,城镇出现了公共澡堂,就像现在一样,成了市民休闲交往兼清洁卫生的场所,文人雅士,特别喜欢光顾于此。

到了明朝清朝,公共澡堂和家庭浴室渐渐多起来,客人远道而来,主人设香汤请客人沐浴,然后再设酒席招待,将此称为"洗尘"。那时的"接风洗尘",可算是名副其实的"洗"啊。

赶牛吃草——牧

mù 牧

甲骨文

金文

小篆

隶书

楷书

  甲骨文的"牧"字，是个左右结构的会意字。左边是"牛"字，表示跟牛有关，右边的反文字是"攴"字，读"pū"和"pō"。在甲骨文中，这个字是会意字，从"又"。"又"表示手，在这儿像手持刑杖棍棒的样子，表示"击打"的意思。"攴"字与"牛"字组合，像一只手握着鞭子赶牛去吃草的样子，指"放养牲口的人"。

  金文的字形与甲骨文大致相同，篆文承接金文并使其整齐化，隶变后楷书写作"牧"。

  "牧"字的本义指"养牛的人"。

  有学者认为，"牧"音通"目"，因为放牧时，要看住牛羊，看准牧场，还要提防虎狼的袭击，所有这些，都跟双目有关。

  "牧"字由本义"养牛的人"，引申指"放牧"，再引申指"放牧的场地"，后来又扩大至"放牧的产业"，如牧民、牧区、牧场、牧草、牧歌、牧童、牧养、牧主、畜牧、游牧、牧马人、畜牧业等。

  "牧"字也作姓氏用。

[瓦当欣赏]

战国画像瓦当

柳宗元梦见柳树倒地——牧

柳宗元是唐朝著名的文学家、哲学家，今山西运城人，世称柳河东。他十三岁时便有文名，二十岁考中进士。后在朝廷任职，是当时政治革新集团的重要成员。革新失败后，被贬为邵州刺史，未到任又加贬为永州司马，后到柳州当刺史。在那儿十多年，他写了大量哲学和文学作品，如《童区寄传》《捕蛇者说》等都是千古名篇。他被列入"唐宋八大家"之列，在中国文学史上享有崇高地位。

据说，柳宗元在被贬为永州司马后，曾奉诏回京，但去留未定。在京等待期间，他终日郁郁不乐。这天，他做了个奇怪的梦，梦见树林中一棵高大的柳树轰然倒下，将他惊醒。

早上起来，他回想梦境，料定是不祥之兆，心想：柳树倒地，我不正是姓柳吗？他自叹命途多舛（chuǎn），历经坎坷，屡遭磨难。唉，一次一次被贬，难道又要遭灭顶之灾吗？

柳宗元愈想愈不安心，便去找京城最有名的占梦老术士解梦。老术士一见是当朝大文学家柳宗元，忙热忱接待。问明原由，老术士哈哈大笑，拱手拜道："可喜可贺呀，先生吉星高照，即将升迁了。"

柳宗元惊奇不已，问道："柳树死了，我又姓柳，有何可喜？何来升迁？"

老术士道："柳树活着叫柳树，今柳树倒下，是柳树死了，柳树死后称柳木。以我推测，与'木'同音者首推牧牛之'牧'。柳树倒而死，与人亡、物灭同义。死也罢，灭也罢，亡也罢，皆为物故。先后物故为之牧，因为'牧'为'物'之半与'故'之半，这与柳树倒下相合。"

柳宗元仍不解："柳树倒与牧相合又怎样？"

老术士道："我断定，你将任柳州牧。"

果然，数月后柳宗元任柳州牧。

古时治民之官称"牧"，一州的军政长官称"州牧"。这则故事，当是后代文人编造的。

小土丘——墓

mù
墓

金文

篆 小篆

墓 隶书

墓 楷书

　　古代的"墓"字，是个上下结构的形声字。上面的"莫"字是读音，下面的"土"字，表明这个字与"土"有关。因为"墓"是由"土"堆成的土丘，所以"墓"的本义是"土丘"。

　　既然说到土丘，就不得不先说说"丘"字。

　　"丘"是个象形字，像突起的两个山丘的形状，本义指"因地势而自然形成的小土山"，称为土丘、山丘、沙丘、荒丘，后来转化指"坟墓、丘坟"。

　　弄明白"丘"字，也就明白"土"堆成"丘"而成"墓"的道理了。"墓"由本义转为"埋死人的地方"，如坟墓、公墓、烈士墓，与此相关的还有墓碑、墓志铭。

　　也有人认为，"墓"字是个形声兼会意字。以"土"为形符，"莫"为声符，指挖个坑把棺材放下去，用土填平为墓。因为"莫"是"暮"的本字，有"昏暗"的意思，而墓中幽暗如暮，所以用"莫"作声符兼会意。这一说法更接近于今日"墓"字的用法。

莫下有土——墓

关于"墓"字,有这么一个文字故事。

南宋时,河南有个叫刘三客的富家公子,带着一批仆人去四川做生意。途中经过一片景色秀美的山林,看得刘三客心旷神怡,认定山林中必有神仙的洞府,非要领着仆人去寻访。

几个人沿着山路走了十多里,只见荒烟衰草,阴风飕飕,路边立着一块石碑,上面刻着八个字:"十口尚在,莫下有土"。

刘三客一见,心中大喜。心想,这一定是走向仙洞的标志,他正想再往前走,一个仆人忽然拉住了他,摇头说:"十口是古,莫下有土是墓,这分明是'古墓'呀!少爷还是别往前了,万一遇到狐狸精,可不是闹着玩的!"

刘三客听罢,顿时吓出一身冷汗,赶紧掉头往回走了。

自掘坟墓

太阳落到草丛中——暮

mù
暮

甲骨文
金文
小篆
暮 隶书
暮 楷书

  小篆的"暮"字是个上下结构的形声字兼会意字。它由两个字组成。上下合起来是个"莫"字，读"mò"，作声符并会意。当中是个"日"字，作形符，表示跟太阳有关。

  "日"字与"莫"字组合，指"太阳落在草丛中"。因指的是太阳下山了，这与"日"有关，所以"暮"字用"日"字作形符。

  古人为什么用"莫"字作"暮"字的声符呢？

  甲骨文、金文和小篆的"莫"字都是形声字兼会意字。甲骨文的"莫"字四个角上都是"木"字，当中一个"日"字，表示"日"落于树林之中。金文将"木"字变为草字头，变成"日"落于草丛中。小篆承接金文，并使其整齐化，隶变后的楷书写作"莫"。"莫"字的本义为"日落的时候"。

  后来"莫"字字义扩大，表示广大、不、没有、不要等义，为虚词所专用，古人就在"莫"字里加义符"日"写作"暮"，专门表示"日落的时候"。由此可知，"莫"字是"暮"字的本字，是最早的"暮"字，所以古人用"莫"字作"暮"字的声符并会意。

  楷书的字形由小篆演变而来，写作"暮"。"暮"字的本义指"日落的时候"，如傍晚的云雾称"暮霭"ǎi"，傍晚的天色称"暮色"，傍晚时昏暗的气氛称"暮气"。

  "暮"字由本义引申指"时间快完了"。如一年快完的时候称"岁暮"，"日暮途穷"指天色已晚，路到尽头了。天将晚的时候称"垂暮"，但重在比喻晚年，这就是"垂暮之年"。"暮年"指晚年、老年，"迟暮"也是指晚年。

烈士"暮"年，修身养性

民国年间，南京水西门一带，住着不少来自苏北的盐城人。这个群体中的帮主名叫潘三爷，他护着盐城人，敢为同乡两肋插刀。但也得罪了好多人。

潘三爷年近古稀，想金盆洗手，不再问事。他自知做过好事，也作过恶事，仇家不少，亲家不多。他想在隐退后过安稳日子，但又担心几个仇家不放过他。他想把最凶悍的安徽帮主刘老大镇住，拿他当只鸡杀杀威风，吓吓猴子，但又怕事情弄大不好收拾，为此他很纠结。他想到了夫子庙文德桥头的测字大师胡铁嘴，认为此人有见识，有人品，便想请他测个字，看看此举有无胜算，再作打算。

潘三爷跟胡铁嘴早相识。这天傍晚，胡铁嘴正打算收摊时，潘三爷来了。他坐下，说明来意，胡铁嘴也不推托，递上字袋，让他摸个字。

潘三爷摸出个"暮"字。胡铁嘴看看天色，道："三爷，天色渐晚，落日西下，你正巧摸到个'暮'字，这是个好事呀。可惜这'暮'字'草'字当头，显得杂草丛生，掩日无光……"

潘三爷道："胡大爷，'暮'字当中不是有两个'日'字吗，一草怎能挡住双日呢？"

胡铁嘴道："三爷说得有理。但你没看到，'暮'字一日已在中午，快要下山；一日已在草丛之中，属夕阳西下，老之将至，否则古人怎将年老称作'暮年'呢？"

潘三爷道："古人说'烈士暮年，壮心不已'，这是说雄心不减当年啊。可人在江湖，身不由己，难免有伤人之处，谁知道会怎样呢？"

胡铁嘴道："这'暮'字里有一个草字头和两个'日'字外加一个'大'字。'大'者'一人'也。你恐就担心某一个人吧？要晓得，世上万事相容相克，你怕他，他也怕你哩。若你放得下身段，借七十大寿之机，把亲朋故旧都当作客人请来一聚，给自己和别人搭个台阶，再相互退后一步，这就叫冤家宜解不宜结，何必动刀动枪，冤冤相报，誓不两立呢？"

胡铁嘴这番话，说得潘三爷低头不语，他似乎另有主张了。

一字一世界

N

手指并拢拿东西

ná
拿

金文

小篆

隶书

楷书

  古代的"拏"字与现在的"拿"字笔画不同,解释也不一样,但其本义是一致的,表示"用手取、握在手里"。

  小篆的"拿"字是个上下结构的形声字。上面是个"奴"字,表示这个字的读音;下面是个"手"字,表示这个字与手有关,其本义是指"用手取东西,把东西握在手里"。这个"拏"字与"拿"字是一个字,后来"拏"字作为异体字被废除了。

  后来出现的"拿"字,是个上下结构的会意字。上面是个"合"字,下面是一个"手"字,表示把"手指并拢起来拿东西、握紧东西",如拿筷子、拿本书。

  "拿"由用手取而引申为"掌握、把握",如十拿九稳、拿定主张。

  "拿"还有"挟制"的意思,如这事你拿不住他们。

  "拿"还有"逮捕、捉"的意思,如捉拿、拿获、狗拿耗子。

  "拿"还有"把"的意思,如我拿你当朋友。

  "拿"也有"用"的意思,如拿刀切西瓜、拿这笔钱买房子。

元·陈基《三希堂法帖》

拿在"手"上

从前,扬州有位做雕刻的老艺人,膝下有一独生女儿,为了能给女儿找个聪明能干的丈夫,他的头发都急白了。

这年过了春节,老艺人把乡里所有的亲朋好友都请到家里,当着他们的面,把一个玲珑的小盒子放在盘子里,然后说:"这是一个字谜,谁要是猜中的话,我就把女儿嫁给他。"

正当众人苦思冥想的时候,一个英俊的小伙子走了上来,把盘子往地上一放,然后恭恭敬敬地托着盒子,绕场一周,让大家看。老艺人见此情景,顿时喜笑颜开,拉着小伙子说:"你猜中了,以后你就是我的女婿了。"

旁边的人都不明白,纷纷向老艺人询问。老艺人说:"把'合'放在'手'上,不正是一个'拿'字吗!"

众人恍然大悟,忙向老艺人和小伙子道喜。

拿手好戏

一字一世界

古代西部的国名——那

nà
那

小篆的"那"字是个左右结构的形声字。右边的双耳刀旁是"邑"字,读"yì",作形符,上为"口",表示区域范围,下面的"巴"字像跪坐之人的形状,本义指"人们聚居的地方",后引申指"城镇"。

"那"字左边的"刃"字读"rǒn",作声符。这两个字形组合在一起,指西部地区一个国家的名称,大约在今日四川一带的山区。

楷书的字形由小篆演变而来,写作"那"。

"那"字的本义指"古国名"。因这个古国离中原地带很远,所以"那"字就假借指"较远的地点、时间、事情、人物",如那边、那里、那般、那样、那些。

"那"字作连词用,跟"那么"意思相同,如那好吧!那我就走了。

"那"字是多音字,读"nā"时,作姓氏用。

那 小篆

那 隶书

那 楷书

那拉求测"那"字

南京奇人郑可鉴，以钻研汉字，善拆解汉字闻名。这天，他率团到无锡游览，在鼋头渚茶舍落座时，一个打扮时髦，气质高雅的女士坐到他身边，自我介绍道："我叫那拉，是一家晚报的编辑，搞娱乐版的，想跟你聊聊。"

郑导心中嘀咕，这姑奶奶一看就是个强势的人物。人怕出名，猪怕壮，郑导最怕记者采访他。

那拉说明原由："我发现娱乐圈里的明星们，对星相呀，占卜呀，测字呀都很相信，我想问问郑先生，这里有没有玄机或骗局之类的事。"

郑可鉴直言相告："我只说拆字解字。这里头既无玄机，也无迷信，或骗局，完全是文字游戏。"

那拉建议道："那我们就做个文字游戏吧。我姓'那'，你为我测个'那'字，看婚姻如何？"

郑可鉴道："那我就虚实相结合啰。'那'字左边中间部分是'刀'字，'刀'字当中有个'二'字，意为两把刀。两把刀并列，谁也服不了谁。依我看，你是个很强势，极有独立性的人，所以，跟你共同生活的人，要强你百倍才行，这样的人难找哇。这'那'字的半边，就让我看出，你是个单身女士，婚姻不太容易。"

那女士问："还有另一半的软耳朵作何解释？"

郑导答道："你看上去气势不凡，其实你心地善良，耳朵根子很软，也容易上当受骗。"

那女士问："你有什么根据？"

郑导说："你对那些明星们相信阴阳八卦居然认可，足见你耳朵软容易上当受骗。"

那拉真心求教："郑导，你是凭什么了解我的？"

郑导问："'那拉'这名字是你自己改的吧？"

那拉点点头。郑导欣喜地说："那我就猜对了。挪威易卜生戏剧《玩偶之家》女主角娜拉，是个极有个性的女性，你心向往之，改名那拉。我为你测字，就是围绕这个名字在做文章啊。"那拉听了，恍然大悟。

一字一世界

水浸入丝内——纳

nà
纳

纳 金文
纳 小篆
納 隶书
纳 楷书

　　小篆的"纳"字是个左右结构的形声字兼会意字。左边的"绞丝旁"作形符，表示跟丝或丝织品有关。"纳"字右边的"内"字读"nèi"，作声符并会意。

　　"内"字与"丝"字组合，指"水浸入丝内"。因为是指水浸湿了丝，跟丝有关，所以古人用"丝"字作"纳"字的形符。

　　古人为什么用"内"字作"纳"字的声符呢？

　　甲骨文的"内"字是个会意字。由"冂""jiōng"字和"人"字组成。"冂"字表示范围或地穴。"人"字表示进入，两形合一指"进入范围之内"。隶变后楷书写作"内"，本义指"进入"。后来引申泛指"纳入、交入"，表示在范围之内，还用来表示"内室、内心、内人"等义。后来"内"字作了偏旁，为他义所用，古人就在"内"字左边加"绞丝旁"写作"纳"，专门用来表示"交入"、"纳入"之义。由此可见，"内"字是"纳"字的本字，是最早的"纳"字，所以"内"字成了"纳"字的声符并会意。

　　楷书的字形由小篆演变而来，写作"納"，现简化为"纳"。"纳"字的本义指"丝被浸湿的样子"。由本义引申指"收入、接受"。如放进、归入称"纳入"；吸收新鲜空气，组织接受新成员称"纳新"。还有采纳、出纳、归纳、接纳、容纳、笑纳等词。

　　"纳"字由"收入"引申指"交付"，如交纳赋税称"纳税"，受贿行贿称"纳贿"。还有交纳、缴纳等词。"纳"字还引申指"享受"，如乘凉称"纳凉"，安闲地在家享福称"纳福"。

"笑纳"天下客

"纳"字表示接受，如招纳、采纳。也表示收进来，放进来，如出纳、闭门不纳。还表示放进去，如纳入正轨。还作动词用，表示交付，如纳税。

有个词叫"笑纳"，这是个动词，也是古人和今人常用的一句客套话，一般用于请人收下自己的礼物。

自古以来，中国就是个礼仪之邦，人们一言一行，都十分注重礼节。除了行为动作的礼节外，在称呼和日常交往中也有不少礼貌用语，这些动作和礼貌用语，在今日快节奏的生活中，可能已略显烦琐，有些词语已渐渐远去，对今天的年轻人来说，已变得十分模糊和陌生了。如今的报刊杂志上，也常常会用错，至于室外广告或店铺招牌名称及街头横幅标语，有些错得更加离谱。

江南有座著名的旅游城市，在繁华地段，有条跨街横幅，大书："热烈庆祝房事大吉"。众多人熟视无睹，没看出什么错误。反倒是几名侨胞，忍俊不禁，偷偷掩嘴而笑。原来房地产开发商挂的这条大横幅，将"房市"写成"房事"了。一个是公之于众的房地产市场，一个是私密的男女之事，不能混为一谈。

更有甚者，在世界文化遗产重点景区，在近百米高的气球上，悬挂着一条广告，上面写着："做好东道主，笑纳天下客"十个大字。

客人来了，怎么可以"笑纳"呢？显然，制作者将"纳"字看成容纳、接纳了。为了表示欢迎的心情，前面特地加了个"笑"字，以示笑着接纳来自世界各地的客人，岂不知，"笑纳"是指谦虚地说自己送人的礼物不成敬意，请对方收下，而"笑纳天下客"中的"笑"字有嘲笑、哂笑之义，绝不是笑着接纳来客。这句话改为"笑迎天下客"就对了。

说到"笑纳"，还有人把"笑"字理解为高兴、欢笑和喜悦，所以就对送礼的人说自己笑纳了。这也成了笑话，千万别这样说。

一字一世界

用手按住——捺

nà
捺

小篆
捺
隶书
捺
楷书

　　小篆的"捺"字是个左右结构的形声字兼会意字。左边的"提手旁"指"手"，作形符，表示跟手有关。"捺"字的右边是"奈"字，读"nài"，作声符并会意。

　　"手"与"奈"组合，指"用手按住"。因为是指用手按住，这跟手有关，所以古人用"手"字作"捺"字的形符。

　　古人为什么用"奈"字作"捺"字的声符呢？

　　甲骨文的"奈"字是个会意字，字形表示用手持柴火，在祭祀祖先的祭台前焚烧祭天之义。本义指"烧柴祭天"，如今的烧香拜佛即是其遗风。

　　"奈"字由本义借用为"对待""对付"之意。又引申指"奈何"，表示如何？怎么办？因而有了"没奈何""无可奈何"之义。这样"奈"字就又因"没办法"而有"停顿""抑制"之义。用手按住，使其不动也有"停顿""抑制"之义，所以古人用"奈"字作"捺"字的声符并会意。

　　楷书的字形由小篆演变而来，写作"捺"。

　　"捺"字的本义指"按住、摁住、抑制。"用手按、摁称"捺"，如捺手印。忍耐、抑制自己称"捺着性子"，如捺住心头的怒火，按捺不住兴奋的心情。"捺"字还假借指"汉字的一种笔画"。写毛笔字时，向右斜下，近末端时微有波折，这称为"一捺"，如"人"字左为"一撇"，右为"一捺"。

撇"捺"人生

著名学者常先生，是位研究中国历史的专家，在常先生众多的弟子中，有两位最为突出。一位是罗文才，小伙子心无旁骛，一门心思钻在古书堆里，对各个朝代的演变乃至风俗民情了如指掌。另一位是罗文才的学弟唐亮，小伙子有创作天赋，他将学到的历史知识，以小说故事的形式展现，出版了不少通俗读物。他脑子灵活，又将这些历史故事改编成电视连续剧，这些宫廷剧大受欢迎，他越发不可收拾，后来索性与人合作，成立了自己的影视制作公司，经过几年打拼，成了影视界大鳄，身价过亿了。

在唐亮成就大业的过程中，有一个人在幕后起了不可或缺的作用，那便是他的师兄罗文才。罗文才默默无闻，为唐亮的影视作品提供了大量素材，有许多不为人知的细节他都挖掘出来，供编导参考。唐亮从没把师兄罗文才放在应有的位置，既没署名，又没给多少报酬，这引起旁观者的不满，网上出现了揭露唐亮不仗义的贴子，弄得他十分被动。

唐亮想稳住阵脚，看看形势再说。眼下他正忙着他所投资的电影院的开张事宜，要请常先生题字题对联呢。于是，他备了厚礼去拜访常先生。

常先生听他说明来意，先表示祝贺，然后话锋一转，道："我对你跟文才的事有所耳闻。人各有志，我不便多问，但为人之道，我还想说两句。正巧，我近日看到网上有副对联，我原封不动地写好，专门送给你！"说罢，他将对联摊在桌上：

各自捺住即成名
若不撇开终是苦

常先生解释道："写这对联的人高才啊，老夫自叹不如。'各'字的捺笔只有收得住才成'名'字。'若'字的撇如果不撇出去就是'苦'字；横批是'撇捺人生'。'人'字也就在这撇捺之间呀，你我都得好好钻研这'人'字、'名'字、'苦'字……否则，我们就枉为读书人了。"

几句话，说得唐亮面红耳赤，低头不语。

口中呼气很困难——乃

nǎi
乃

ㄋ 甲骨文

ㄋ 金文

ㄋ 小篆

乃 隶书

乃 楷书

　　金文和小篆的"乃"字是个象形字。笔画弯弯曲曲，像一口气从口中呼出来，缓慢困难的样子，不那么顺利流畅，它的本义就是指"困难"。"乃"字在口语中很少用，主要作书面语言使用，特别是在古文中用得较多。

　　"乃"作副词用，表示"是"，如失败乃成功之母。也有"竟然"的意思，如乃至于此。还有"于是"的意思，如屋外大雨，乃在屋内坐一会。

　　"乃"作代词用，表示"你、你的"，如乃父、家祭无忘告乃翁。

北周《匡喆刻经颂》

东晋·王羲之

唐·孙过庭

唐·怀素《圣母帖》

《说文古籀补》

"乃"字少一捺

有关"乃"字,有这么一个测字故事。

宋朝庆元年间,四川成都有个外号叫"测字圣手"的人,据说,他曾得过神人相助,测起字来出神入化。

有个落魄的读书人,名叫程林,考了一辈子功名,都名落孙山,最后不得不失望而归。为了糊口,程林也干起了测字的行当,但他名气没有"测字圣手"大,所以生意非常惨淡。

程林不服气,心想:测字不过是仁者见仁、智者见智的把戏,我不信他能比我强到哪儿去。于是,他以一个普通客人的身份,来到了"测字圣手"的家里,想故意刁难刁难他。

"测字圣手"认识他,知道这家伙来者不善,但并没有说破,依然像往常一样,请他写出想测的字。

程林想了想,写了一个"乃"字,因为这个字实在太简单,根本无法拆解。他见"测字圣手"半天没吭声,以为他没辙了,心中暗喜。就在这时,"测字圣手"忽然清了清嗓子,不慌不忙地说:"这'乃'字虽与'及'字相像,但终归是少一捺,所以阁下终身不会及第,只能贫苦一辈子。"

程林听了,脸臊得比猪肝还红,忙灰溜溜地告辞了。

海棠果——奈

nài 奈

小篆的"奈"字写作"柰",上面是个"木"字,下面是个"示"字,这是个上下结构的形声字。上面的"木"为形符,表示与树木有关,下面的"示"字是声符,读"shì",指一种落叶小乔木,结的果子很小,这就是柰树的果子,状如小苹果,现称"海棠果",也称"沙果"。

"柰"字上面的"木"字,后来变为"大"字,于是成了今天的"奈"字。至于原先的"柰"字,指一种类似红花的果子。

"奈"字的本义指"柰树的果实",现假借为"如何"的意思,这就是"奈何",表示没有办法,意思跟"怎么办"相似,如无可奈何、奈何不得。

"奈"字也作疑问代词,用反问的方式表示如何,如民不畏死,奈何以死惧之?又如他死也不肯干,你又奈他何?

"奈"字也作姓氏用。

柰 金文

柰 小篆

奈 隶书

奈 楷书

东晋·庾翼《淳化阁帖》

东晋·王羲之《姨母帖》

《隶辨》

拆迁队长拆"奈"字

却说南京江北有个房地产开发商老黄,买下了地块,却迟迟不能动工。路边的几户人家,死活不肯搬。万般无奈,黄总亲自去拜访拆迁队长老刘,想请他出出点子。

你可别以为拆迁队长都是凶神恶煞、虎背熊腰的壮汉,刘队长是个戴眼镜的文弱书生。黄总说明来意,请刘队长指教。

刘队长笑笑:"你可别把我们当打手!"黄总说:"我实在无奈才找你的,听说你不仅会拆房子,还会拆字,你也给我拆个字吧!"

刘队长问:"拆什么字?"黄总说:"就拆个万般无奈的'奈'字吧。"

刘队长写了个"奈"字,琢磨了一番,说:"这'奈'字拆开有'大''小''二'字,还有个'示'字。这就是说,事情可大可小。比方你这楼盘,也是可大可小,那几户不肯搬,你就把这一小块让出去,楼盘小点儿,少赚点不行吗?"说到这儿,他又看看黄总说:"我知道,你黄总财大气粗,喜欢做大做强,就像这'奈'字里的'示'字,你喜欢'示大'。你是房地产业里的龙头老大,今儿你能不能听我一句话,这次做个'二小'?你不要总是'示大',你给我把'示'字拆开,做个'二小',或者倒过来做个'小二'……"

刘队长的一席话还没说完,黄总的心已豁然开朗了。他决定让出那块角落,集中精力,重新布局,做不成最大的,就做最好的,打造一个更有特色的楼盘。

[瓦当欣赏]

秦汉瓦当

剃去须发的刑罚——耐

nài
耐

　　小篆的"耐"字是个左右结构的形声字兼会意字。左边的"而"字读"ěr"，作声符并会意；右边的"寸"字作形符，表示跟法度、刑法有关。"寸"字与"而"字组合，指古代一种剃去两颊的鬓毛和下巴上的胡须的刑罚。"寸"字跟刑罚处分有关。古代的"寸"字是个指事字，由"又"字和一横组成。"又"字表示手，一横指明寸口所在之处。人手的一寸之处为寸口，本义为"寸脉"，与尺寸、标准等意思有关，所以"寸"字有"法度、刑罚"的意思。"寺庙"的"寺"字里有"寸"字。原来的"寺"字是指官员办公场所，如"大理寺"。就是指官府是个讲法制的地方。而"耐"字又与刑罚有关，所以古人用"寸"字作"耐"字的形符。

　　古人为什么用"而"字作"耐"字的声符呢？

　　在甲骨文中，"而"字是个象形字。字形像人的下巴上的胡须，本义就是指"胡须"。而这种刑罚就是剃去胡须，所以古人用"而"字作"耐"字的声符并会意。

　　楷书的字形由小篆演变而来，写作"耐"。

　　"耐"字的本义指"剃掉须发的一种刑罚"。后来"耐"字就假借指"经得起，耐得住"，如忍耐、耐心、耐劳、耐饥、耐寒、耐烦、耐久、能耐、耐性、耐穿、耐用、俗不可耐、耐人寻味等词语。

小篆 耐
隶书 耐
楷书 耐

"能耐"和"能奈"

按照通常的字形字义解释，"耐"字是个形声字兼会意字。"而"指长胡须，"寸"指有分寸。本义指"剃去鬓毛和胡须的一种刑罚"。从象形的角度看，"耐"字勾画的是一位长胡须老头，正手摸下巴的胡须，耐着性子，把握分寸地在劝导他人。

与"耐"字同音的是"奈"字。按通常的字形字义解释，这是个形声字，从"木"从"示"作"柰"，现规范写作"奈"。本义指"一种落叶小乔木"，现指"如何"，如"奈何不得"。若从会意字角度讲，上为"大"字头，下为"示"字底。"大"指长辈或大人物，正给下面的小字辈发话作指示，叫你怎样你就得怎样，小字辈们很无奈。这就像大鼻子压着小嘴巴，无可奈何。

有个口语叫"能耐"，作名词用，指"技能""本领"。作形容词用称"有能耐"，如你真能耐，一人顶两人。

还有个口语叫"能奈"，就是能奈住自己性子和情绪及脾气，不使性子，人们把这称为"有能奈"，反之则是没有能奈的人。

却说民国年间，北京有位京剧大师。一天，大师演出"黛玉葬花"，在开场前几分钟，却找不到黛玉用的道具花蓝和锄头。这是管道具的陈师傅的失误，他因母亲得急病而忙碌，把这些忘在家里了。演戏这行当，救场如救火，刻不容缓。大师冷静处理，让陈师傅乘自己的汽车回家去取，一面准时上场应付。他暗示琴师重复了几段前奏，又凭自己的演技增加了唱词和舞步，竟使观众没看出任何异常。

演出结束后，陈师傅诚惶诚恐，生怕大师辞退自己，向大师请罪。大师只是问候他母亲，并未提及忘记道具的事。陈师傅深有感触地说："常言道，'脾气随着能耐长'，您的能耐如日中天，而您的脾气却仍和从前一样，真是大人有大量啊。"

大师回答道："能耐也就是能奈，就是要能奈住自己的性子和脾气，不要动不动就要威风、发脾气、使性子，那样于己于人都无益。再说，我的能耐还差得远哩，怎敢长脾气呢？"

一字一世界

用力耕田的男人

**nán
男**

甲骨文
金文
小篆
隶书
楷书

甲骨文的"男"字，是个上下结构的会意字。上面是"田"字，表示田地，下面是个"耒"字，读"lěi"。在甲骨文中像犁形，这个字与"来"字不同。它借用"耒"田来表示男子之意，因为从古至今，在田里耕作的都是成年男子。

金文的"男"字比甲骨文繁化了些，在下面的"耒"字上另加了扶犁的手。

小篆的字形由金文演变而来，下面改为"力"字，并使其整齐化。用"力"字，表示男人在农田耕作时是用大力气的。隶变后的楷书写作"男"。

"男"字的本义指"男人"，跟"女"相对，如男子汉称"男儿"。男的一方称"男方"，指有关婚姻之事，也称"男家"。另一方面对成年男子尊称为"男士"。男孩、男工、男女、男生、男声、男性、男装、童男、善男、等，都是指男性的意思。

"男"字由本义引申指"儿子"，如长男。

"男"字又指封建五等爵位的第五等男爵。

"男"字也作姓氏用。

摘掉穷帽栽富根——男

苏北阜宁一带，仍属贫困地区。有些乡村田少人多，不少人外出打工，养家糊口。春节，外出打工的人们回家过年，老村长备了一桌酒席，把几个当家的男人请来聚聚，还把见多识广、能说会道的胡德先请来作陪，意在劝这些大男人回家创业，共同致富。要不，农田抛荒，穷根子一辈子也挖不掉。

这些外出打工的男人，有的大倒苦水，讲在外谋生之艰辛；有的大谈创业，讲创业的酸甜苦辣。不少人讲着讲着，抹起眼泪来……

这时，胡德先不失时机地出场了。他缓缓说道："'男儿有泪不轻弹，只是未到伤心处。'各位都是男子汉大丈夫，在农村花力气种田是男人，古人造的'男'字，就这个意思啊。你们看，'男'字头上顶着'田'，下面出的'力'，在田里用力耕作就是'男'。现在你们到城里打工，用力气顶着头上的老婆孩子和父母四口，也是男人。"

众人想想：对啊，"田"字可拆成四个"口"字呀。

胡德先说："古代，'男'字就有劝农的意思，就是说男劳力要种田，不种田，百姓吃什么？"

老村长说："田都荒了，种田人靠买米吃了。"

胡德先在桌上写了个"男"字说："这'男'字上面是'留'字一半，下面是'劳'字一半，这男劳力得留一半才对呀。现在城镇化，依我看一半人去打工，一半人种田这才对。"

有人叹息："两三亩地，能挣几个钱？"

胡德先说："你这话说得好。'男'字告诉你，'四方共出力'，政府在号召大家共同合作办农场，共同致富呀！你看这'男'字，暗藏着'摘掉穷帽子，共同栽富根'这层意思哩！"

众人细看，可不是吗？"男"字上方"田"字，既可看作是四个方框，暗喻"四方"，也可看作是摘掉"穷"字的帽子，剩下个"力"字。栽富根了，指的是"富"字底下的"田"字，合起来不就是"男"字吗？

众人觉得胡德先说得既有趣，也在理。胡德先趁热打铁道："依我看，你们有本事的，回家创业，或者合作办农场吧。"

众人听了，兴奋地热烈议论起来。

悬挂的敲击乐器——南

nán
南

甲骨文

金文

小篆

隶书

楷书

甲骨文的"南"字是个象形字。字形就像一种悬挂着的敲击乐器。上面的"十"字像悬挂时用的绳索所打的结，下面是乐器体。金文和小篆的字体大致相同。

有人考证，这乐器为镈"bó"。何为"镈"？《现代汉语词典》解释是"古代乐器，即大钟"，还难得地拿出版面附了一张大图。顶端有把手，可系绳索作悬挂之用，这与"南"字的字形是相吻合的。

楷书的字形由小篆演变而来，写作"南"。

"南"字的本义指"敲击乐器"。这类乐器大概在古代南方一带流行，所以引申指"南方的舞乐"。后来就假借指方位词"南方"的"南"。

早晨人们面对太阳升起的地方，右手所指的方向是"南方"，也称"南边"。相关的词有南北、南海、南风、南极、南门、南下、南洋、南亚、东南、华南、淮南、江南、岭南、正南、南辕北辙、南征北战等词。

"南"字是个多音字。读作nā时，指佛教用语"南无'mó'阿弥陀佛"。

"南"人北相，什么东西

初看标题，不知所云。细细品味，你会发现，这是句极普通的口头语。

俗话说，一方水土养一方人。南方人跟北方人相比，其面相、身材乃至性格都有所区别。北方人身材高大威猛，性格粗犷豪爽；南方人大都清瘦精干，性格细腻内敛。当然这也是大体而言，并非全都一样。"南人北相"是一例。此话指的是虽为南方人，长相却跟北方人一样。这里讲的对联故事，即由此展开。

却说在清朝乾隆年间，在朝廷文武百官中，有个任京都中书科之职的丁文，他出生于南方，长得却五大三粗，骨子里颇有心计，素有"南人北相"之称。他自恃才学出众，骄矜不凡，目中无人。大学士纪晓岚很看不起他，总想当众羞辱他一番，灭灭他的骄气。

这天，百官在朝廷议事，当中休息时，有人提起近日水部遭遇火灾，办公场所几乎烧光。朝廷委派一名姓金的司空，负责监造新房。有人以此为题，作了一上联：

水部火灾，金司空大兴土木

这上联平铺直叙，讲明事情的原委，实人实事，在其中暗藏的"金木水火土"五行齐全。要对出下联可不容易，众官员同声打趣道："纪大人是作对联的高手，万岁爷也夸奖过不止一次。今日能否对出下联，让我等长长见识？"

纪晓岚也不谦让，只是说："让我想想看——"话音未落，紧接着说道："有了，各位请听——"

南人北相，中书科什么东西

在场的大臣们听了，无不拍手叫绝。他们心里都明白，这是纪晓岚借下联在骂丁文呢。"什么东西"这几个字充满了愤怒与蔑视，更绝的是这下联暗含着"东西南北中"五个方位，跟上联"金木水火土"相对应，可谓天衣无缝，既工巧，又风趣。把中书科丁文气得满脸通红，却又不敢发作，只能忍气吞声。

用手捉鸟很困难

**nán
难**

金文
小篆
隶书
楷书

小篆的"难"字写作"難",这是个左右结构的形声字。以右边的"鸟"字为形符,表示跟鸟儿有关,左边的"堇"字为声符,读"qín"。"鸂"字的本义是鸟的名称,但在古籍中并未见到使用过。后来假借表示难易的"难"。隶变后楷书写作"鸂"和"難"。如今简化写作"难"。

楷书中的"難"字用得较多,而"鸂"字不多见。"難"是个左右结构的形声字兼会意字。右边的"隹"字读"zhuì",指短尾巴小鸟,如麻雀之类,左边的"堇"字作声符,读"hàn"。两形合一,指一种鸟的名称。

简化后的"难"字,有人认为只是个符号,已无意义可言。其实,这个简化字很有深意,可看作是个左右结构的会意字。左边的"又"字是一只手,右边的"隹"字是只短尾巴小鸟,表示想用一只手抓住小鸟是很困难的。

"难"字的本义指"一种鸟儿的名称",后假借指"不容易,很费事",如难产、难办、难得、难度、难点、难关、难题、难事、艰难、困难等。

"难"字由上义引申指"不太可能",如难免、难保、难以等。又引申指"不好",如难看、难吃、难听、难过、难受等。还引申指"使人为难",如难堪、难人、犯难、为难、作难、勉为其难等。

"难"字是个多音字。读作"nàn"时,由"不好"引申指"大灾大难和不幸",如难民、避难、逃难、国难、患难、苦难、落难、磨难、死难、危难、遇难、多难兴邦、难兄难弟、大难不死等。

"难"字假借指"质问",如刁难、发难、问难、责难等。

淮汉水流汇向东——难

几十年前的一个春末，苏北大旱，一夜之间，淮河的水位一下子降了丈把深。从淮阴开往洪泽湖方向的货船，一条条搁浅了，大批船民心急如焚，不知如何是好。

有个押运干货的吴老板，急着要把一船干果运往长江上游的汉口。当时晴空万里，毫无下雨的迹象，上游又没水下来，这成千上万条船何时能启航？他急得坐立不安，见河堤柳树下端坐着一个测字老人，便走过去想测个字解解愁。

吴老板在测字摊前席地而坐。他说河水枯竭，船难行，心难安，就测个"难"字吧。

老人在小方桌上边磨墨，边思量，然后写了个"難"字说："先生眼前有难，要测'難'字。巧哇，眼前景色，不就是个'難'字吗？"

吴老板环顾左右，说："眼前个个心急如火，盼雨盼水盼老天，一个个愁眉苦脸正遭难啊。"

测字老人指着"難"字说："我说的是'滩难前水落'，露出了个'難'字。淮河快见底了，河滩上水落下去了，'滩'字去掉水，不就是'難'字吗？"

吴老板一拍脑门，说："我尽想着开船起航，忘了是在测字了。您老先生说得对！我懂！"

测字老人将手中"難"字放在吴老板眼前说："先生问得好呀，这'難'字告诉你，汉水西流淮水枯呀。你看，左西右东，汉水往西流了，东边的淮河怎能不干涸呢？'難'字把这事儿说得明明白白啦。"

吴老板心有不甘地说："汉水西流，淮水干涸，这事儿明摆着。我要问的是，淮河何时能有水来呢？船何时能启航呢？"

测字老人仰头看看天，又看看手中的"難"字说："这事还得看'難'字。淮汉水流往东移，这就说淮河汉水的水向东流到了下游，淮河水位就抬高了。这水哪儿来？天上掉下来。看来，很快就要下雨了。"

测字老人正说着，天色暗淡，平地起风，眼见着就要刮风下雨了。

装东西的大口袋——囊

甲骨文的"囊"字是个象形字。字形的上方是个"木"字,表示木柴、木料之类,中间是个"贝"字。远古时代,中原地带的人远离大海,把海滩遍地皆是的贝壳视为宝贝,珍藏在口袋里。下面是口袋的底部形状,综合起来说大口袋里装着两个贝壳和一捆木柴,指"装东西的大口袋"。

金文的"囊"字由甲骨文演变而来,对字形略有改动,中间只留下一个"贝"字。

小篆的字形由金文演变而来,变成了一个上下结构的形声字,字形像两头都捆扎的口袋。隶变后的楷书写作"囊"。

"囊"字的本义指"有底的大袋子",如药囊、皮囊、探囊、私囊、智囊、囊空如洗、囊中取物等。"囊"字由本义引申指"像囊的东西",如囊肿、囊虫、胆囊、胶囊、气囊、肾囊等。

"囊"字是个多音字,读作"nāng"时,指"松软、懦弱",如窝囊。

náng
囊

小 篆

囊
隶 书

囊
楷 书

"囊中羞涩"指没钱

"囊"字泛指口袋或像口袋的东西，如琴囊，指装琴的袋子；药囊，指装药的袋子。人体内的肾和胆形状像袋子，故称"肾囊""胆囊"。

成语"囊中羞涩"指没有钱或经济不宽裕，这是种委婉的说法。"羞涩"指难为情，因口袋里钱少或没钱而难为情。

每一个成语的形成，都有它的来源，都有一段有趣的故事。"囊中羞涩"的典故是什么呢？

东晋时期，有位大臣名叫阮孚，此人的家族很有名气。他的叔祖名叫阮籍，是三国时期魏国的文学家，他博览群书，学识渊博，是文学史上有名的竹林七贤之一。阮籍为人也很有个性，他蔑视礼教与权贵，与当权的司马氏有矛盾；他性嗜酒，常常以纵酒装醉来避祸。阮孚跟他的父亲一样，继承了叔祖阮籍的嗜好和性格，以任性旷达见称。阮孚与祖辈相比，更是高傲放荡，不与权贵同流合污，我行我素，独行其是。

阮孚虽有丰裕的家产，但他不善打理，也不去打理，长此以往，坐吃山空，生活渐渐贫困了。尽管如此，他仍然饮酒玩乐，实在没钱了，就把家中库存的诸如貂皮之类的衣物拿去换酒喝。

阮孚常常衣冠不整，在街头游荡。他随身背着个灰色的布袋子，有人问他："阮相公，袋子里装的是何宝物啊？"

阮孚往往翻开袋子，从中掏出一枚钱说："我的袋子里只有这一枚钱。"

有人好奇，追问道："只有一枚钱，为何用这么大的袋子装啊？"

阮孚却有理地说："我放这一枚钱守着袋子，是怕这袋子因缺钱难为情啊！"

后来，人们就用"囊中羞涩"这句成语来形容口袋里没钱时的窘迫状况。因为这个故事的主角是阮孚，所以这个成语又被称作"阮囊羞涩"。时代久了，人们把阮孚忘了，如今就只剩下"囊中羞涩"了。

用手指甲轻轻扗——挠

náo 挠

小篆的"挠"字是个左右结构的形声字兼会意字。左边的"提手旁"作形符，表示跟手的动作有关。"挠"字的右边是"尧"字，读"yáo"，作声符并会意。"手"字与"尧"字组合，指用手指甲轻轻地扗。

"扗"字读"kuǎi"，作方言用，指"用手指甲抓、搔"，就是人们说的"扗痒痒""扗破了头皮"。因是指用手指扗痒，跟手有关，所以古人用"手"字作"挠"字的形符。

古人为什么用"尧"字作"挠"字的声符呢？

甲骨文的"尧"字是个会意字，是烧瓦器的窑包。下面是"人"，表示人在窑包前烧窑之意。瓦窑是用土堆起来的中间空的大土丘，有"高大""深远"和"多"的意思。而"挠"是反复抓、扗，也有"多"的意思，所以古人用"尧"字作"挠"字的声符并会意。

楷书的字形由小篆演变而来，写作"撓"，后简化为"挠"。

"挠"字的本义指"用手指甲轻轻地扗、抓"。用手抓头，称"挠头"形容事情麻烦复杂，使人难以处理。除尽稻田里的杂草，使根部泥土变松，这叫"挠秧"。挠秧可促进秧苗根系的发育，促进稻子生长。还有"抓挠""挠痒痒"和"抓耳挠腮"这些口头语。

"挠"字由本义引申指"弯曲、屈服"，如顶端有大铁钩的带长柄的工具称"挠钩"；屈服称"屈挠"，"不屈不挠""百折不挠"表示坚强、不屈服。"挠"字由"弯曲"又引申指"阻止"，使别人的事情不能顺利进行，这叫"阻挠"。

㚁 小篆

撓 隶书

挠 楷书

"挠"和"百折不挠"

"挠"字作动词用，指用手指轻轻地抓，也表示弯曲，比喻屈服。如"百折不挠"，表示无论受多少挫折都不退缩，形容意志坚强。

说起这个成语的出典，有段历史故事。

距今两千一百多年的东汉灵帝年间，朝廷有位大臣名叫桥玄，睢"suī"阳人，即今日河南商丘一带人。他出身官僚世家，父亲和祖父都曾当过太守。成年后，他在县衙当个文书，并无多大权力。但桥玄为人刚直，敢于同邪恶势力作斗争。当时有个大将军的亲信，在家乡胡作非为，犯了命案，当地官员不敢处置。桥玄奉命前往调查，受到大将军的威胁阻挠，但桥玄不为所动。当他调查确认该恶棍的罪证后，将他装进囚车，押往京城。

桥玄在京城任职时，三个强盗将他十岁的儿子绑架为人质，躲进一间民房，要桥玄出重金赎回儿子，但桥玄断然拒绝。因为当时常有此类事件发生，绑匪屡屡得手，就以此为业，搅得人心惶惶。河南守备和洛阳县令得到消息，派来兵丁将绑匪住所团团包围。但守备不敢贸然行事，怕绑匪杀了人质。桥玄大声斥责道："强盗是百姓祸害，难道就为了我儿子而放纵这些祸害吗？"最终，兵丁强攻，将绑匪一一擒获，桥玄的爱子却命丧绑匪刀下。

桥玄随后向皇帝奏请下诏，以国家大法规定：凡劫持人质、勒索钱财者处斩；禁止用金钱赎人，以防助长绑匪嚣张气焰。此后，泛滥多时的绑架勒索案就杜绝了。

桥玄这种不向邪恶势力低头，敢于作斗争的精神为百姓所称道。桥玄死后，殡葬极为简朴，家中也没留下多少遗产。据史记载，曹操经过桥玄墓地时，曾下马恭敬地致祭。东汉大文学家、书法家蔡邕"yōng"还为他写了《太尉桥玄碑》，称赞他"有百折而不挠，临大节而不可夺之风"。

桥玄的刚正坚毅，赢得了世代好评。蔡邕的碑文，为后世留下了"百折不挠"这一成语，作为后人学习的榜样。

一字一世界

心中烦闷苦恼

năo
恼

小篆
恼

隶书
恼

楷书
恼

  小篆的"恼"字，是个左右结构的形声字兼会意字，写作"㛴"。左边的"女字旁"是形符，表示跟女性有关，右边的"𱰉"字是声符，读"năo"。甲骨文的"𱰉"字是象形字，突出了大头的婴儿，省去了身子，留下头发和囟门，以突出头脑，指"人的大脑"。后来"𱰉"字作了偏旁用，古人就在旁边加了个月肉旁写成"脑"，专门指人的"大脑""头脑"。原先的"𱰉"字就是今日的"恼"字，后简化为"恼"。

  古人用"女"字和"𱰉"字组合在一起，指人的心里烦闷、不愉快。古人用"女"字旁作形符，大概因为女子爱生气吧，爱生气的人容易烦闷苦恼。

  古人之所以用"𱰉"字作"恼"字的声符，就是因为它跟前面所说的"脑"本是同一个字，都是指"头脑"。当一个人心情烦闷时，容易引起头脑疼痛，所以古人用"𱰉"字作"恼"字的声符并会意。楷书的字形是由小篆演变而来的，写作"㛴"，后简化为"恼"。

  "恼"字的本义指"发怒、有所恨"。如生气和怨恨称"恼恨"，生气愤怒称"恼火"，生气、发脾气称"恼怒"。触怒、气恼、恼羞成怒等都是这个意思。

  人不可能一直愤怒，愤怒之后，心中难免留下伤痕，引起不快，这就是"烦闷、苦恼"。使人焦急烦恼称为"恼人"，心里别扭、烦恼称"懊恼"，烦闷苦恼称"烦恼"。

有心不想离——恼

无锡西水关茶楼,是梁溪谜语研究会会员们的聚会之地。每到聚会时,店主吴老板便跑上跑下,亲自提壶,为马汉文他们倒茶续水,忙得不可开交颠颠的。最近,马汉文发觉吴老板愁容满面,失去了往日欣喜欢跃的风采。他向员工打听,有个老员工悄悄告诉他:"吴老板虽是二婚,但跟现在的老伴很有感情。可各自的子女都盯上这店面,想来当老板,为这事,两人吵架要离婚。他们缘分未尽,才五十来岁,怎能为这些不孝子孙闹离婚呢?"这个老员工拜托老马,劝劝吴老板切莫干傻事。

老马心中有底了。这天聚会结束时,吴老板到包间结账,马汉文看看吴老板,关心地问:"最近看你心事重重的,生意清淡吗?"

吴老板装出笑脸道:"家里闹矛盾,心里烦恼。我这人没城府,有事挂在脸上……"坐在一旁的周其良劝道:"你心里有烦恼,请马先生帮你解解疙瘩嘛,他测字很灵啊。"

马汉文说:"测字是骗人的,谁还相信啊。"

吴老板说:"我就相信,马先生给我测测看。"

周其良趁机起哄:"老马,露一手,测个字让他开开眼界。他说烦恼,你就测'烦恼'嘛!"

吴老板说:"测字只能测一个字。我心里烦,又恼火,那就测个'恼'字吧。"

老马说:"讲给我听听,你恼火什么?"

吴老板把要离婚的事说了,他最恼火的是子女们争家产。

老马说:"你恼火的是子女争家产,为何要跟老伴离婚呢?"说罢,掏笔写了个"恼"字说:"这'恼'字左边的'竖心旁',是指你和老伴一条心,右边这'甾'字,是'离'字的上半部;'离'字下半部,是'内'字,内人嘛,就是你老伴。你俩还共着一条心,有心不想离,这就是'恼'。你恼的是子女,怎能气恼到内人身上?你现在才五十来岁,正当壮年,好好干一番事业,不要理睬子女的无理要求,跟你老伴一条心,把这茶馆越办越红火,你俩的好日子在后头呢。"

吴老板听了这番话,脸色顿时红润起来。

囟门上长着长发的头脑

năo 脑

　　小篆的"脑"字是个左右结构的形声字兼会意字。左边的"月肉旁"作形符，表示跟肉或人的肌肉有关。"脑"字右边的"甾"字读"năo"，是"匘"字的繁体字。

　　"月肉旁"跟"甾"字组合，指"人的头脑"。因为是人的头脑，而人的头脑是人体的组成部分，也属肉体，所以古人用"月肉旁"作"脑"字的形符。

　　古人为什么用"甾"字作"脑"字的声符呢？

　　甲骨文的"甾"字是个象形字，写作"匘"，突出婴儿头大的特点。上面三条曲线表示长长的头发；下面的"囟"字是指婴儿的囟门。这两个字形组合，突出"头脑"之义。由此可见，"甾"字是"脑"字的本字，是最早的"脑"字。隶变后写作"匘"，现简化为"甾"。"甾"与"匘"如今不单用，只作偏旁。正因为此，古人用"甾"字作"脑"字的声符并会意。

　　楷书的字形由小篆演变而来，写作"腦"，现简化为"脑"。"脑"字的本义指"头脑"。人们称头脑为"脑子""脑袋"。还有脑海、脑际、脑筋、脑力、脑门、脑壳、脑颅、脑炎、大脑、小脑等词。

　　"脑"字由本义引申指"像脑子的东西"。如电子计算机称"电脑"；作为领导的人或机关称"首脑"，也称"主脑"；从樟树枝叶中提炼出来的防虫除味的圆形丸子称"樟脑丸"；还有早餐常吃的"豆腐脑"。

"脑"子进水

"脑"字是个名词，它位于人的头部，是人和动物中枢神经的主要部分，管理人全身知觉、运动和思维、记忆等活动。脑由大脑、小脑和脑干等部分组成，俗称"脑袋""脑瓜儿""脑壳""脑门儿""脑子"等。

人们把智商低、脑子笨、不太聪明的人称为"笨蛋""呆瓜"等含有污辱性的词。进入互联网时代，又新生了许多网络词语，出现了"脑残""脑子进水了"这些词语。

"脑子进水了"是句骂人的话，指人脑子不灵活，考虑不周全，做错了事，或说错了话。这句话听起来很新鲜，好像是网民们新创的词语，但细究起来，这句话早在一千四百多年前的隋朝就有了，其中还有个典故呢。

在《太平广记》一书中，记有一则笑话故事。说的是在隋朝年间，有个知名人士名叫杨素，是当时的上流人物。还有一个艺人名叫侯伯，号称"州举秀才"，是专门为宫廷说笑话的人，地位类似于古代的"俳（pái）优"，即演滑稽戏的艺人。

这天，在一个轻松愉快的场合，杨素想测测侯伯的才能，便出个难题问侯伯："现在如果挖一个大坑，有几十丈深，要是让你跳下去，你能用什么方法上来呢？"

侯伯听了，毫不迟疑地说："这有何难？我只要用随身带的一根针，在脑袋上扎个洞，把脑袋里的水哗哗地放出来，等水把大坑放满了，我就跟着水浮上来了。"

杨素追问道："这怎么可能呢？你脑袋里没有那么多水啊！"

侯伯说："你问得对呀，要是我脑子里没进那么多水，我怎么肯跳进那么深的坑里呢？我不跳进坑里，又何必担心怎么上来呢？"

侯伯机智地回答了杨素刁滑的问题，成为一则笑话，也留下了"脑子进水"这一典故，甚至使用至今。在这漫长的历史时期，人们又创造了很多类似的说法，如脑子被驴踢了，脑袋被门挤了等等，跟"脑子里进水"是一个意思。

城门内是闹市

nào
闹

金文

小篆

鬧
隶书

闹
楷书

古代与现代的"闹"字，写法不同，解释也不一样，但本义却相同，表示"喧哗、不安静"。

先说古代的"闹"字，它的外面是个"门"字，里面是个"市"字。甲骨文的"门"字是个象形字，像两个人怒发冲冠，直立而斗。小篆的"门"字像两个人持械而斗，这个"门"字后来简化成"斗"字。"门"字里再加个"斗"字，可想而知，市场上本来就人声鼎沸，一片喧哗，再加上有人相斗，岂不是吵闹不堪吗？

后来的"闹"字，改为"门"字里有个"市"字。这"门"是个象形字，像一扇门，门有大有小，这里的"门"，可理解为城门，城门内大都是市场，而市场总是人来人往，人喊马叫，一片喧闹。

两个字形，异曲同工，都表达了"闹"字有"喧哗、嘈杂"的意思。

"闹"由"争吵、喧闹、不安静"，引申为"热闹、闹市"。也有"吵闹、捣乱"的意思，如胡闹、无理取闹等。进而引申为"发生、发作"的意思，如闹病、闹灾荒、闹情绪等。还有"搞"的意思，如闹革命、把问题闹清楚。还有"戏耍"的意思，如闹着玩儿。

明·董其昌《三希堂法帖》

《草书韵会》

门庭若市——闹

关于"闹"字,有这么一段"门庭若市"的故事。

东晋大书法家王羲之,曾官任会稽内史,在他为官的那段时间,每天都有人上门拜访,搞得他一刻也不得清静。

这一天,他的一个好朋友来到他的府上,见里面有很多人,就站在门口,一直等到客人散尽才进去。王羲之不好意思,自我解嘲道:"这哪像是家呀,简直就是一个集市。"

朋友一听乐了,接着他的话茬说:"不错,'门'里摆一个集市,为'闹'也。你这里正所谓门庭若市,好热闹啊!"王羲之哈哈大笑,拱手将朋友迎进了书房。

无理取闹

一字一世界

进入范围之内

nèi
内

甲骨文

金文

小篆

内
隶书

内
楷书

甲骨文、金文和小篆的"内"字，字形相似，都属会意字。甲骨文从"冂"，表示范围或人居住的地穴，也可指门里面。里面是个"入"字，不是"人"字，指"进入"的意思，表示"进入这个范围"之意。

金文的字形明确表示进入房内。小篆的字形承接金文，并整齐化。隶变后的楷书写作"内"。

"内"字指从外而入，本义为"进入"。如入内，即进入内部。"内"字由本义引申指"里面、里头"。如在某一范围之内称"内部"，离边疆或沿海较远的地区称"内地"，在内部确定称"内定"，在一国之中的河流称"内河"，暗藏在内部的干破坏活动的人称"内奸"，内心感到惭愧不安称"内疚"，国内发生的战争或叛乱称"内乱"。还有内容、内伤、内衣、内因、内政、内战、内应、境内、内外交困等词。

"内"字由本义还引申指"妻子或妻子的亲属"。如内人、内兄、内侄、内弟、贤内助。

门"内"小儿在嬉戏

民国年间，南京夫子庙文德桥头的测字大师胡铁嘴，不仅测字如有神，对解梦也很在行。

这天，家住马台街的刘三爷来找胡铁嘴闲聊。说是闲聊，其实是想请他解个梦，看看会不会出什么事儿，得防着点儿。

刘三爷道："胡大爷，今日午饭后，我上床睡了一刻，刚闭上眼，好像梦见路过巷口时，见四合院的围墙上探出个小脑袋，有个身穿红褂儿的小男孩朝我笑了笑，一会儿就不见了。"

胡铁嘴道："日有所思，夜有所梦，这有什么奇怪的？你近日肯定从哪家院外走过时，曾见过有人探头从围墙上朝外张望，跟你打过招呼。"

刘三爷问："小孩儿从门内探头看我，这是啥意思呢？"

胡铁嘴道："按测字行当讲，这是门内有人，指的是'内'字，小人儿在探出头朝外看呢。"

刘三爷道："奇怪的是后来就成两个小孩儿。"

胡铁嘴道："这有啥奇怪的？按字理解释，门内有两个小孩儿是个'肉'字。"

刘三爷补充说："这两个小孩儿，身穿红衣裳，各人拿根竹竿儿打闹着，嘻嘻哈哈，好不开心。"

胡铁嘴笑道："你口福不浅，也该开心啊。"

刘三爷不解地问："此话怎讲？"

胡铁嘴道："这还用问吗？门内两个小人儿是'肉'字，两根竹竿儿是筷子，这表示用竹筷子吃肉。这两天怕是有人会请你赴宴呢。"

这一说，刘三爷牙根发酸，口水流下来了。

强壮像熊的野兽——能

néng
能

甲骨文
金文
小篆
隶书
楷书
能

　　金文的"能"字是个象形字，字形像一只长嘴、大耳朵、巨身、短尾巴的大狗熊。小篆的字形使其整齐化，已看不出熊的样子了。隶变后的楷书写作"能"。

　　"能"字的本义指"熊类的野兽"。熊凶猛、耐寒、力大无比，所以古人将名词"能"字借用来表示"有才干、有能力"的人。又引申指"能够""能胜任"，如我能够、我能做到等。又用来表示"会"和"可能"。"能"字由能力还引申用作物理学的名词，指"能量"，如电能、能源等。

　　熊耐寒，很有耐力，能耐饥耐渴，耐风耐旱，所以又表示"受得住"，因此"能"字又读"nài"。

　　"能"字的字义越来越扩大，"能"字的字义则为"能力"所专用，所以古人就在"能"字下面加四点表示四只脚，写作"熊"，这个字读"xióng"，专门表示大狗熊。而"能"字读"néng"，专门指"能力、才能"。

　　至于"有耐力，受得住"之义，古人另造了个"耐"字来表示。

　　"能"字被后起的"熊"字取代，由本义假借指"本领、才干"，如能力、才能、能耐、逞能、技能、无能、智能等。由上义引申指"有本事的"，如能手、能人、贤能、能工巧匠等。又引申指"能够"，如可能、全能、万能等。还引申指物理学上的许多名词，如核能、光能、太阳能、原子能等。

台上月下比高低——能

南京奇人郑可鉴，因钻研汉字，善拆解汉字而闻名。无锡梁溪谜语研究会的同仁们，慕名求教，对他待如上宾，郑可鉴也将他们当作知音，一有机会便往无锡跑，跟会长马汉文他们待上一天，咬文嚼字，探讨谜语，尽兴而归。

这天，郑可鉴又来南京了，小陶将他接到马会长家跟大伙儿相聚，酒足饭饱后，话题又回到字谜上。小陶说有个谜面"有心复旧态"，谜底是"能"字。

郑可鉴在纸上写了"能""熊""态"几个字说："古代的'能'字是个象形字，像长嘴巴、大耳朵、短尾巴、巨大身材的大狗熊，本义指"熊类野生动物"，本来'能'字就读"xióng"。熊属野兽，既凶猛又耐寒又力大无穷，所以又读"néng"，借以表达有才干、有才能，后来又引申指'可能''能够''能量'。因为熊这种动物形象最为显明，所以又读"tài"，借以表示形态、姿态。后来'能'字为'能力'等义所专用，为了表示'狗熊'之义便在'能'字下面加四点表示四只脚，写作'熊'，读音改为'xióng'。'能'字下面加个'心'表示'心态''态度'，读音改为'tài'，现简化为'态'。"

马汉文听了，点头称是，又补充道："'能'字确实有熊相。左上角的三角形是'台'字头，有高而突起的形状；下面是月肉旁，指熊的腰干腹部，就是我们常说的'虎背熊腰'。值得一提的是'能'字右边上下两个'匕'（bǐ）字，指用匕首相搏斗，一上一下，比个高低，上者为能。"

大家都点头认可。小陶对郑可鉴说："郑老师，我们说了半天'能'字，你还没露一手你的测字能力呢。我一直在炒股，你就用'能'字为我测一下，看股市行情如何？"

老郑立马回答："你这不是明知故问吗？'能'字古代就是'熊'字。股市最担心什么？熊市呀，你再耐心等等吧，牛市快到了。"

相亲相近——尼

ní 尼

甲骨文

金文

小篆

隶书

楷书

　　古代的"尼"字，是个左上包围结构的形声字兼会意字。在上方的"尸"字作形符，表明这个字跟人有关，下面的"匕"字作声符，读"bǐ"。两形合一，像两个人很亲密的样子，指"相亲、相近"。

　　小篆的"尼"字是个会意字，字形像两个人相依相亲的样子，与前面所说的相同。

　　古代的"尸"字，是个卧着的人，"匕"字是个反着的人。"尸"和"匕"都是人形，一个人紧跟在另一个人后面，也可理解为两个人依偎在一起，表示亲昵的样子。

　　也有人认为，"匕"字是"反人"，是最早的"比"字。用在这儿，表示人比人则亲近，所以"尼"字以"匕"字作声符并会意。

　　"尼"字的本义指"相亲、相近"，这个本义被后造的"昵"字代替。"尼"字假借指"出家修行的女佛教徒"，她们被称作"尼姑"。

　　尼姑住的地方称"尼姑庵"，也称"小佛寺"、"小寺院"。尼姑和和尚称"尼僧"，也称"僧尼"。

　　"尼"字是梵语"比丘尼"的简称，如削发为尼。

　　有专家认为，"尼"字从"尸"从"匕"，两个"人"形，表示自己与自己比，存在又不存在，这是佛门弟子在修行中的一种状态。此说有独到见解，不知读者朋友以为然否？

再加一"夕"就是死——尼

古代和数十年前的旧时代,测字算命是一门学问,是一种职业,是不少人赖以谋生的手段,不像现代人把这当作娱乐,当作文字游戏,或当作学习汉字的方法和手段。

测字,属民间方术活动中最简便易行的方法,就像算命先生一样,凭一张嘴就行了。只要读过几年书,识得一些字,再准备一些硬纸卡片或竹牌之类的东西,上面写上字,放在布袋里,有些干脆一块大白布,上面写满字,供求测者挑选。测字先生就凭这些,再加一把小椅子,一张小方桌,坐于街头巷尾,墙上挂一条幅,写上"鬼谷子在此",再配上斗大的"测字"二字,便可开张营业了。

却说清朝同治年间,安徽天长县有个姓罗的测字先生,因背驼,人称"罗驼子"。这天,罗驼子刚安顿好桌椅,便有个中年汉子,脸色阴沉地走来,有气无力地说:"先生,我姐姐在九华山尼姑庵里当尼姑,听人说她病得不轻。前儿天我去看她,已滴水不进,不知还能熬几天。我也识不得几个字,就请先生测个尼姑的'尼'字吧。"

罗驼子写了个"尼"字说:"是啊,是啊,你姐姐已危在旦夕。'尼'字下再加一个'夕'字就是'死'字。就是说,你姐姐在世的时间只有一天而已。"

中年汉字忙改口说:"先生,那就请另测个'生'字吧。"

罗驼子理解中年汉子的心意。他另写了个"生"字说:"就依你测'生'字吧。但'生'字也不好啊,'生'字上为'牛'字,下为'土'字,牛为'丑',十二属相为丑牛,明天即为丑日。'土'为泥土,丑日入泥土,就是说她明天入土啊。"

中年汉子一听,感觉再也没有指望了,他掏出几文钱放在桌上,抹着眼泪走了。

一字一世界

含水多的土是泥

小篆的"泥"字是个左右结构的形声字兼会意字。左边的"三点水"作形符，表示跟水有关。右边的"尼"字读"ní"，作声符并会意。

"水"字与"尼"字组合，表示水与土相混合为"泥"。"泥"是水与土的混合物，且要水多于土才成泥，所以古人用"三点水"作"泥"字的形符。

古人为什么用"尼"字作"泥"字的声符呢？

古代的"尼"字是个会意字。甲骨文的"尼"字是二人从后相近之状，表示二人亲近之意。小篆使其整齐化，隶变后的楷书写作"尼"，表示"亲近"。后来"尼"字借作它用，成了偏旁，古人又造了个"昵"字表示"亲密"之意。由此可见，"尼"字是"昵"字的本字，是最早的"昵"字。它有"亲近、亲密"之义，而水和土混在一起，也有"相互融合、相互亲近"之义，所以古人用"尼"字作"泥"字的声符并会意。

楷书的字形由小篆演变而来，写作"泥"。

"泥"字的本义指"水和土的混合物"。如泥巴、泥墙、泥土、泥塘、泥腿、泥丸、泥沼、烂泥等。

"泥"字由本义又引申指"像泥的东西"。如印泥、枣泥、蒜泥等。

"泥"字又假借指"固执"。如拘泥、滞泥等。

"泥"字是个多音字，读作"nì"时，由"和着水的泥"引申指"用泥、灰等涂抹墙壁或器皿"，如泥墙、泥子、打泥子等。

藕虽有孔，不染污泥

明朝洪武年间，无锡城中青果巷有个大户人家，户主开着几家店铺，还有数十间房产。可惜户主三十来岁便暴病身亡，留下妻子王氏和不足十岁的儿子，房产和店铺由家族打理，母子俩衣食无忧。

儿子小宝，在崇宁路一家塾馆读书，每日由仆人接送上学，回家后，王氏总是详问先生的授课内容，凡儿子不懂之处，悉心辅导。

一日，儿子下学回来，愁眉不展。母问为何闷闷不乐？小宝拿出一上联说："先生要我对出下联，对不出，打屁股！"王氏一看，上联是：

尺蛇出洞，量量量，九寸十分。

这是教书先生教学生识字、识数、计数的对子。王氏教儿子认识"尺""寸""分"几个字，并掌握一尺十寸，一寸十分的知识。又指指院子里几只在吃食的鸡群说：

七鸡争食，数数数，三对一个。

小宝将母亲作的下联交给先生。先生大为赞赏，并以此作为教材，教学童识鸡鸭之类的字，还教会他们计数的知识。

教书先生是宜兴人，中年丧妻，到无锡城谋生，他多方打听，得知小宝家孤儿寡母，其母才貌出众，不禁想入非非，常以布置对联作业为由，写出暗示性的语句，让小宝带回去让他母亲看。

王氏是何等聪慧的人？她读了儿子带回的这些诗词联语，装作不解，不予理睬。后来见教书先生写得多了，便回了他一联：

藕虽有孔，不染污泥。

这八个字意义深刻。"藕虽有孔"，这是句实话，但又暗含寡妇易让人想入非非。教书先生自知冒昧，让小宝带回下联：

竹本无心，妄生枝节。

写罢，便辞馆回家，离开无锡城了。

囟门未合的小孩——倪

小篆的"倪"字是个左右结构的形声字兼会意字。左边的"单人旁"作形符，表示跟人有关，"倪"字右边的"兒"字读"ér"，作声符并会意。

"兒"字与"人"字组合，指"头顶囟门未合的幼儿"。因是指幼儿，这跟人有关，所以古人用"人"字作"倪"字的声符并会意。

古人为什么用"兒"字作"倪"字的声符呢？

有人认为，甲骨文的"兒"字是个象形字，字形像幼儿张口露出少量牙齿的形状，表示还是幼儿，牙齿尚未长全。金文稍作繁化，小篆使其整齐化，隶变后的楷书写作"兒"。这种解读，与《说文解字》不同。

《说文解字》认为，甲骨的"兒"字是会意字，字形上部是幼儿的头部，表示幼儿头顶的囟门尚未闭合。下面是"人"字，两形合一，指"幼儿"。

两种解读不同，但结论是一样的。可见"兒"字的本义是指"幼儿"，这跟"倪"字是一致的。所以古人用"兒"字作"倪"字的声符并会意。值得一提的是，"儿"字在南方的方言中读"ní"。称"儿子"为"ní zī"。可见保留了古代读音，就像将"长江"的"江"读作"gōng"一样。

楷书的字形是由小篆演变而来的，写作"倪"。

"倪"字的本义指"小孩"。因人的成长是从幼儿开始的，作为小孩，还看不出他的为人究竟怎样，所以人们把事情的头绪、眉目和边际称之为"端倪"，如略有端倪、莫测端倪、端倪渐显等。"端倪"作动词用，指推测事物的始末，如千变万化，不可端倪。

"倪"字也作姓氏用。

"倪"和"端倪"

说起"端倪"一词的出典，有段历史故事。

远在两千五百多年前的春秋时期，鲁国京城里有三个年轻人，他们是志同道合的好朋友。一个名叫孟子反，一个名叫子桑户，还有一个名叫子琴张。这三人不求做官，不求出名，只求过自由的生活。他们主张超凡脱俗，三个人常聚在一起，谈古论今，探索人生的奥秘。

过了几年，子桑户染病身亡。孔子听到这消息，就派学生子贡前往逝者家中去吊唁（yàn）。子贡一进子桑户家大门，顿时被眼前的景象惊呆了。子桑户家人在料理丧事，不少亲友在掩面而泣，而子桑户的两个好友却站在子桑户的遗体旁唱歌敲鼓。孟子反引吭高歌，子琴张按着节拍在"咚咚"敲鼓，两人相互应和，喜笑颜开，没一点儿悲痛和哀伤。

子贡对此很不理解，极为愤怒。他强压怒火，责问道："好友去世了，你们应表示哀悼，怎能如此兴高采烈呢？这是对逝者不敬啊。"

这两人听了，毫不在乎。孟子反还振振有词地说："真正的大礼怎能拘泥于形式？我们的悲哀深埋心中，不必流于外表。你这儒生只知按常规行事，根本没有领会礼的精妙所在！"说罢，两人继续唱歌击鼓，连看也不看子贡一眼。

子贡回去，将看到的情景向孔子汇报，并请教孔子："孟子反和子琴张如此而为，合乎礼仪吗？"

孔子想了想，回答道："这两位是超脱于世俗礼教的人，他们'反复终始，不知端倪'，他们的所作所为，已融入于自然，遨游于天地。他们不在乎生与死的先后区别，也不追究终了和开端的往来返复，更不问其中的循环不止，也不穷究事物的头绪和终极，他们确实不同于一般人啊。"

子贡听孔子这么一分析，心中怒气才平息。

孔子在说这段话时，用了"反复终始，不知端倪"这八个字。其中"端倪"二字成了一个词流传下来。"端"与"倪"都有边际和开始的意思，所谓"端倪"就是指头绪和眉目。人们常用的词便是：初见端倪、略有端倪、不露端倪等。

十分亲密——亲昵

nì 昵

昵 小篆

昵 隶书

昵 楷书

最早的"昵"字写作"尼"，是个会意字，本义指"亲近"。在甲骨文中，"尼"字只是作为偏旁来使用。字形的左边和右边分别是个"人"字形，一个人倚靠在另一个人的身上，这不是友好的亲近，而是反映奴隶社会中奴隶主对奴隶的压迫，让奴隶背着走。小篆中"尼"字的字形和甲骨文的字形大体相同。

古代"尼"字与"昵"字相通，意思是"亲近""相近"。后来"尼"字被借用表示佛教中出家修行的女子"尼姑"，这就是削发为"尼"。"尼"字为借义所专用，"亲近"之义便另加"女"字旁来表示，写作"妮"。

"妮"字后来成了"小妮子"，作为小女孩的专称，古人又将"亲近"的意思用表示日近的"昵"字和"暱"（nì）字来表示。再后来，"暱"字作异体字被淘汰，如今只有"昵"字用来表示"亲近""亲密"的意思。

"昵"字可看作是形声字兼会意字。从"日"从"尼"用来会意；"尼"字兼表声，本义指"日益亲昵"。"日"字在这里表示"一天比一天"。"尼"字本来就有"亲近"的意思，所以"昵"字表示"亲近""亲密"。

"昵"字组词不多，常见的是"昵称"。"昵称"这一词作名词用，表示"亲昵的称呼"；作为动词用，表示"亲热地称呼"，如丈夫昵称她为"宝贝儿"。

为儿取名"何必昵"

取名字是门大学问,既要读音响亮及避讳,又要切合孩子的生辰八字,还要考虑父母的理想企盼,面面俱到,真不容易。

如今很多大都是独生子女,又牵涉到夫妻两姓之争。虽说自古姓氏随男姓,但碰到女方一家有异议而不相让呢?这就麻烦了。

无锡东门中学语文老师何嘉庚就摊上了这麻烦事儿。何嘉庚是独子,听这名儿就有何家之根的意味。妻子倪碧娟是同行,小夫妻俩恩恩爱爱,眼见倪碧娟即将临盆,双方齐心合力,为婴儿准备衣物,但双方各有心思:孩子生下来,是姓何,还是姓倪?倪家也是独女啊。

倪家提出,孩子出生就姓倪吧,但何家一口回绝。倪家心中不快,只好不得已求其次,说产前检查,可能是双胞胎,那就一个姓何,一个姓倪。何家仍不答应,说待生下是男是女再说。这就引起倪家不满,四位老人为此争吵,弄得剑拔弩张,把一场喜庆事弄成了烦恼事。小夫妻俩常叹息:"唉,何必呢?"

何嘉庚左右为难,不敢表达。倪碧娟为人大度,她经过一番深思熟虑,做通了父母的工作,说:"不就是个名字嘛,何必呢?成全何家,不管生一个还是两个,不管生男还是生女,都姓何。不要为这点事伤了和气,那多不值啊。"

倪老师躺在产床上,不停地翻阅几本大词典,别人还以为她在备课呢,其实她在为即将出世的小宝宝起名字。

孩子出世了,是对龙凤胎。倪老师宣布:女孩名叫"何碧娜",男孩名叫"何必昵"。读音都有"何必呢"的意思。这是告诉四位老人,不必为此事纠缠,要不计前嫌,重归于好。女孩名中有"碧"字,注入了倪家的血脉。男孩名中有"必"字,"碧""必"同音。"昵"字有亲热、爱昵的意思,又与"倪"字同音,又有"何""倪"两家必定日日亲近的意思。双方父母听了这番解读,无不拍手称好。同事们听说了,都夸倪老师高才,好多人还慕名前来请她取名字呢。

前往迎接——逆

nì 逆

甲骨文 𣥂
金文 𨒰
小篆 𨓵
隶书 逆
楷书 逆

小篆的"逆"字是个左下包围结构的形声字兼会意字。左下方的"走之旁"是"辵"字，读"chuò"，在甲骨文中是个会意字，表示"用脚在大街上行走"。隶变后的楷书写作"辵"，作偏旁就是"走之旁"，在"逆"字中作形符。

"逆"字右上方的"屰"字读"nì"，作声符并会意。

"走之旁"与"屰"字组合，指"走上前去迎接"。要向前迎接，就必须行走，所以古人用"走之旁"作"逆"字的形符。

古人为什么用"屰"字作"逆"字的声符呢？

甲骨文的"屰"字是个象形字，字形像个倒着的人形。头、颈、双手、双脚一应俱全。金文将人形填实，小篆文字化，隶变后的楷书写作"屰"。

"屰"字的本义指"倒逆不顺"。由于"屰"字后来作了偏旁，古人又另加义符"走之旁"写作"逆"表示"不顺"之义。"不顺"有"相反"之义。你来我迎，方向相反，由此也可看出，"屰"字是"逆"字的本字，是最早的"逆"字，所以古人用"屰"字作"逆"字的声符并会意。

楷书的字形由小篆演变而来，写作"逆"。

"逆"字的本义指"迎接"，由本义引申指"方向相反"，如逆水行舟、逆流、逆行、倒行逆施、莫逆之交等。"逆"字由上义引申指"抵触、不顺从"。如极不顺利的境遇称"逆境"；向不利的方向或相反的方向转变称"逆转"；不孝顺的儿子称"逆子"，也称"忤逆子孙"；话不中听，不顺耳称"逆言"。由上义又引申指"背叛"。如背叛称"叛逆"，投靠叛逆方面称"附逆"，背叛国家民族的人的财产称"逆产"。

"逆我者亡"和"死有余辜"

"逆我者亡"和"死有余辜"是两个不大相关连的词语，为什么要扯到一起呢？这里有段谜语故事。

明朝嘉靖年间，有个大臣名叫徐阶，上海松江人，中进士后，授翰林院编修，后任文渊阁大学士，又任内阁首辅参与机务，成为朝中手握重权的人物。

徐阶有个儿子，仗着父亲是朝廷重臣，在松江一带横行霸道，无恶不作，乡民又奈何不得。

这年春节前，徐阶回乡省亲，刚到松江城外，只见一队人马呼啸出城，骑在马上狂呼乱叫的正是自己的儿子。儿子率领家丁出城打猎。前呼后拥的人群中，最前面是两个家丁，各举一块木牌开道，牌上分别写着"鸟飞兔走""逆我者亡"两行大字。徐阶一见，喝住儿子，问这是何意，徐公子洋洋得意地说："秉告父亲大人，这是本乡秀才送我的，可威镇飞鸟走兽，显我徐家威风，壮我出猎行色！"

徐阶听罢，看看这两行字，深思一会，猛然大吼："孽种！还不给我统统砸了！"

徐公子一听，翻身下马，带人手脚并用，砸了木牌，却不知老父为何发如此大的脾气。

回家后，徐公子向跟随老父多年的幕僚打听，方知原委，他被几个穷秀才耍弄了。

这是怎么回事呢？原来"鸟飞兔走"和"逆我者亡"这两话连用，是两个卷帘格谜。卷帘格规定，谜底至少在三个字以上，能倒读扣合谜面，如同珠帘倒卷，故称"卷帘格"。

徐公子家丁所持"鸟飞兔走"扣谜底便是"行同禽兽"，倒过来读就是"兽禽同行"。另一家丁所持"逆我者亡"，扣谜底便是"死有余辜"，此句倒过来读便是"辜余有死"。那几个穷秀才都是制谜高手，他们借这两句话，怒斥徐公子是禽兽不如的恶棍，又诅骂他早死早好。这两句话表达了乡民们对徐家的切齿痛恨，已猜出谜底的徐阶看了，怎能不气急败坏，又心惊胆寒呢？

躲藏起来——匿

nì 匿

金文
小篆
隶书
楷书 匿

小篆的"匿"字是个左三包围结构的形声字兼会意字。外面的"匚"字读"xì",作形符。在甲骨文中是个象形字,字形像用布、席子或筐等物遮掩的样子。金文大致相同。小篆将其文字化,隶变后的楷书写作"匚",本义指"掩藏",不单用,作偏旁用时都与"掩藏、躲避"等义有关。

"匿"字里面的"若"字读"ruò",作声符并会意。

"若"字与"匚"字组合,指"躲藏起来,不让人看到"。因是指躲藏起来,不让人看到,所以古人用"匚"字作匿字的形符。

古人为什么用"若"字作"匿"字的声符呢?

甲骨文的"若"字有两个来源。一个字形像用手择菜的样子;另一个字形像一个跪坐之人举双手在梳理头发的样子,表示"和顺"之义。因"若"有"跪坐梳头"之义,古代女子梳头打扮都在内室,不让人看见,有躲藏之意,所以古人用"若"字作"匿"字的声符并会意。

楷书的字形由小篆演变而来,写作"匿"。

"匿"字的本义指"隐藏,不让人知道"。如隐藏、潜伏称"匿伏";隐藏起来,不露形迹称"匿迹";不署名或不署真实姓名称"匿名";躲藏起来不让人发现称"藏匿";逃跑并躲起来称"逃匿";隐藏、躲起来或隐瞒称"隐匿"。

"匿"和"匿善"

"匿"字表示隐藏，也表示不让人知道。"匿善"这一词用得不多，但历史上流传一个故事，跟"匿善"一词有关，也是这一词的出典。

距今一千六百多年前，在我国北方和四川一带，曾经存在过一些封建割据的政权，约有十六个国家，这一时期称为"东晋"，也称"十六国"。十六国中较强大的前秦皇帝苻坚，想消灭东晋，夺取天下。他已占领了梁州、岐山大片领土，也就是今日四川全省和陕西的西部。他又向淮南进军，准备攻下东晋的京城南京。

东晋皇帝孝武帝连忙召集大臣们商量对策。有人提出派谢玄率军北上，讨伐苻坚。但大家意见不一，有人明确表示反对。

孝武帝也拿不定主意，便问大臣郗（xī）超。他曾经在大将军桓温手下当过高级参谋，此人为人正直，分析事理颇有见解。但他与谢玄不和，两人产生过矛盾，互不交往。

当孝武帝问郗超，派谢玄领兵讨伐苻坚有何看法时，郗超毫不迟疑地说："派他去，一定能打败苻坚。"孝武帝追问："何以见得？"

郗超道："我曾和他在桓将军府上当参谋，发现他使用人才时，能尽量发挥别人的长处。他办事极认真，即使细微的小事，他也从不马虎。我以此推断，他一定能建立功勋！"

于是，孝武帝派谢玄出征。谢玄亲率八千骑兵，在今安徽寿县一带的淝水，大败苻坚。苻坚此后便一蹶不振，后被羌族首领所杀，前秦灭亡。

南朝文人刘义庆写了本《世说新语》，书中详细写到了郗超举荐谢玄的事。其中有这么一段："元功既举，时人咸叹超之先觉，又重其不以爱憎匿善。"这里的"元功"，指大功劳。"先觉"，指先知，有预见。"匿善"，指隐瞒埋没他人的长处。

这段话的意思是：北伐大告成功之后，人们都赞叹郗超有先见之明，同时也很敬重他不因为个人的恩怨和好恶，而去埋没别人的长处和优点。"匿"字，在这里作动词讲，指藏匿、隐瞒，不让人家知道。"善"字，在这里指善长、良好或指优点、特长。

被水淹没——溺

nì
溺

甲骨文

小篆

溺
隶书

溺
楷书

　　古代的"溺"字，是个左右结构的形声字兼会意字。左边的"三点水"是形符，表示跟水有关，右边的"弱"字是声符，读"ruò"。这两个字形组合在一起，表示"被水淹没"。

　　古人为什么用"弱"字作"溺"字的声符呢？因为"弱"字有丧失的意思，水能将人或牲口淹死，所以"溺"字用"弱"字作声符并会意。

　　也有人认为，古代的"溺"字字形像一条河流，这条河从甘肃的张掖流入内蒙古，然后在流沙中消失。此说恐不准，应为"弱水"。

　　也有人考证，小篆的"溺"字是个会意字，由"人"字和"水"字组成，表示水靠近人，会把人淹死。

　　还有人认为，甲骨文的"溺"字是个象形字，字形像一个人在弯腰撒尿的样子。小篆的字形改成上面是个"尾"字，下面是个"水"字，表示"小便"，隶变后写作"尿"。过去也借"溺"字作"尿"，现在也作"尿"字用。

　　"溺"字的本义应是"淹没在水中"。如被水淹死为"溺死"，人淹没在水里称"溺水"，不称职称"溺职"。

　　"溺"字由"淹没水中"引申指"沉迷不悟，不能自拔"。如对自己的孩子过分的宠爱称"溺爱"，过分的相信称"溺信"。

　　"溺"字是个多音字。读作"niào"时，同"尿"，指"小便"，如溺布、溺肥、溺素等。

　　由"尿、小便"引申指"排泄小便"，如溺床、溺坑等。

师生共同说"溺"字

杨老师的"汉字教学课题组",这天讲完"溺"字,由师生分别讲溺爱、沉溺和溺水三个词,要求讲自己亲身经历的事,来不得半点虚假。

金一鸣主讲"溺爱":"去年暑假,我到青岛外婆家就像当了回小皇帝,舅舅舅妈就像众星捧月那样服侍我,样样依着我,要啥给啥。举个例子吧,我喜欢一家饭店的海鲜,全家天天陪我吃,后来吃别的菜就没味儿了。我每天吃呀玩呀,作业没做,身体发胖,人变得懒了,脾气也坏了。我被溺爱了,身体弱了,智商弱了,这恐怕是'溺'字里的'弱'字在作怪吧?"

第二个走上讲台的是班长刘坤培。他沉痛地说:"我曾经沉溺上网玩游戏,放学回家就打开电脑,饭也顾不上吃。爸妈不让我玩,我就在深更半夜偷偷爬起来玩。爸妈在电脑上加密码,我就到网吧玩。我人瘦了,成绩下降了,跟所有同学疏远了。我变得很孤独,常常感到孤立无援,甚至有点儿绝望。我沉溺在虚拟世界里不能自拔,除了手指灵活敲得动键盘,别的什么也干不了。我成了个弱者,就像浸在水里,没一点儿力气……"

说到这儿,刘坤培哽咽了。杨老师带头鼓掌。在同学们的掌声中,刘坤培补充说:"谢谢杨老师和全班同学,帮我戒掉了网瘾。"杨老师说:"这靠你自己呀,你现在是班长啊。"

杨老师接着讲:"班长刚刚说的'沉溺',也有溺水的意思。我来讲一下我差点溺水而亡的事。去年全校老师到浙江西部大峡谷旅游,那天乘橡皮筏漂流,偏巧,橡皮筏子撞在岩石上,一个侧滚翻,将十几个人全掀到滔滔恶浪里。最要命的是这橡皮筏子将我罩在里面出不来,我心慌了,哎呀,今天死在这山沟里了。我伸手摸索,将头一伸,哈!我钻出了筏子。正当我死里逃生,兴奋不已时,几个船工将底朝天的筏子翻个身,不料又将我罩了进去。这时我恐惧了,心想我肯定要死在这山沟里了。我当时可没想到'溺'字,今天再来看这'溺'字,"三点水旁"两把弓,两弓上各有两点,有人说,那是指拉弓的力量各欠三分之二。也有人说弓弱得像两片羽毛。总之,溺水的人处于险境,处于弱势,所以才用'弱'字来表现'溺'字的内涵。古人造字,用心良苦啊。"

丰收背谷物回家——年

nián
年

甲骨文

金文

小篆

隶书

楷书

甲骨文的"年"字是个会意字。上面是一棵成熟了的稻穗或庄稼,下面是个弯腰屈背的背着沉甸甸稻谷的人。这个字形指人背着谷物回家,表示"丰收"的意思。

金文的字形由甲骨文演变而来,依然是人背着丰收的庄稼的形状。

小篆的字形由金文演变而来,变成了一个由"禾"字和"千"字组成的形声字兼会意字。"禾"字作形符,表示与庄稼稻谷有关。"千"字作声符,读"qiān"。这两个字形组合在一起,仍然指"稻谷成熟丰收了"。

古人为什么用"千"字作"年"字的声符呢?因为"千"有"多"的意思。稻谷成熟丰收,表示"很多",所以"年"字以"千"字作声符并会意。

"年"字的本义指"丰收",丰收后就要庆祝一番,这就是年。现在的"年"字,指地球绕太阳一周的时间,如年度、年初、年底、年份、年历、年月、年终、当年、常年、今年、近年、每年、同年、百年大计、长年累月等。

"年"字由本义引申指"岁数",如年龄、年纪、年迈、年轻、青年、老年、成年、晚年、童年、幼年、壮年、年富力强等。

"年"字由本义又引申指"有关年节的",如年关、年糕、年货、年夜饭、贺新年等。

"年"字由本义还引申指"一年中庄稼的收成",如年景、年成、丰年、旱年、荒年、人寿年丰等。

"年"字还指"时代、时期",如年代、年号、元年、末年、早年等。

"年"字也作姓氏用。

热热闹闹过大年

大年初一，无锡梁溪谜语研究会的朋友们，到会长马汉文家品茶聊天。他们三句不离本行，聊着聊着，就聊到过年的"年"字上。

马汉文说："先让我说说从前过年的年味吧。"

大家洗耳恭听，马汉文娓娓道来：

"童年在苏北过年的情景，实在难忘。快过年了，村上不少人家杀猪宰羊忙碌起来。我家和同院子的祁三姑爷家一起蒸馒头，当第一笼馒头出笼时，我们就趁热吃起来。我吃得太饱了，老祖母就用拐杖赶着我满屋子转，怕我积食伤了胃，逼我多运动助消化。我就跑到外面，爬上梯子，向茅屋顶泼水。因烟囱不停地蒸煮，怕茅草屋干燥易着火。

"除夕下午，我跟父亲到小镇剃头洗澡，回来时到村头松林里采松枝，晚上全家在堂屋烧香祭祖。满屋子松香味儿，加上粗大的红烛、刚贴上的春联、刚换上的新门帘、满满一桌年夜饭，顿时年味儿就浓起来。父亲伴着红烛守岁，我已困得呼呼大睡了。

"年初一大早，我被爆竹声惊醒。刚睁眼，母亲就将蜜枣塞进我嘴里，盼新年甜甜蜜蜜。

"母亲为我穿上新衣新帽，教我看到人就喊'恭喜发财，万事如意'。我出门看到父亲和祖母，也鞠躬作揖喊发财，虽然有点儿不自然，但觉得庄严神圣。父亲和祖母分别给了我压岁钱。

"吃过汤团，出了家门，逢人都点头作揖，不管认识不认识，吵过架、红过脸的，都会互致问候，道声新年大吉。那份亲切友爱、那种真诚朴实、那些善良宽容，显示出'四海之内皆兄弟也'的浓浓亲情。和谐社会、人类家园都展现在儿时大年初一的早晨。

"民间传说，'年'是个凶残的怪兽，人们用放鞭炮赶走它，用杀猪宰羊款待它，等它走后，人们相互贺喜，后来演变为过年。这个传说，我不以为然。'年'字就像人背着丰收的稻谷，一年一度，以示庆祝，年年期盼，年年庆祝。人们不光庆祝丰收，还庆祝除去丑恶、除去怨仇、迎来希望、迎来友善，这就是除旧迎新。正因如此，人们才千年不变，热热闹闹过大年！"

心中常常想——念

niàn
念

　　"念"字是个上下结构的形声字兼会意字。下面的"心"字是形符，表示跟人的心理活动有关。上面的"今"字读"jīn"，作声符并会意。

　　"今"字与"心"字组合，指"心中常常想"。因是心中常常想，而"想"是一种心理活动，所以古人用"心"字作"念"字的形符。

　　古人为什么用"今"字作"念"字的声符呢？对此，有两种解读。"今"字指"今日"，有"现在"的意思。思念的心理活动是及时的，随时都存在，所以古人用"今"字作"念"字的声符并会意。

　　甲骨文的"今"字是个象形字。字形像口朝下，伸出舌头的"口"字，"今"与"心"组合，表示心中想，口中念念有词，有"念叨"之意。所以古人用"今"字作"念"字的声符并会意。此说也有道理。

　　楷书的字形由小篆演变而来，写作"念"。

　　"念"字的本义为"常常思念、惦记"。如因惦记而经常不断地谈起称"念叨"或"念道"，不忘旧日的情谊称"念旧"，悲痛地怀念死者称"悼念"，心里总想着某人某事称"惦念"，顾及、思念称"顾念"。还有纪念、眷念、留念等词。

　　"念"字由本义引申指"心理的想法或打算"。如观念、闪念、思念、念头、私念、体念、意念、信念、邪念、欲念、悬念、杂念、蓄念等词。

　　"念"字假借指"读、说"。如念叨、念佛、念书、念白、念口诀、念经等词。

金文

小篆

隶书

楷书

一"念"之差错错错

无锡梁溪谜语研究会会长马汉文，对会员十分关心，有谁碰到困难，他都伸出援手。出租车司机李杨，一表人才，是个制谜高手。夫妻恩爱，育有一子，一家三口，幸福美满。

天有不测风云。一天，李杨在火车站载上一个打扮入时的女客。闲谈时得知，这女子开服装厂，想高薪聘用一个保镖兼司机。李杨看在"高薪"二字上，主动应聘，就这样他成了她的司机兼保镖，拿双份工资。天长日久，两人坠入爱河，直到东窗事发，夫人带着儿子住到娘家，誓不见面。女老板因欠债累累，人间蒸发，李杨陷入困境，不知如何应对……

马汉文以研讨字谜为名，将李杨约到家里促膝相谈。李杨后悔不已，痛哭流涕，只怪自己一念之差，连说三个"错错错"。

马汉文毫不客气地说："你早知今日，何必当初！"说了这句话，觉得苍白无力，纯属马后炮。他接着说："你说的一'念'之差的'念'字，谜面是'始终贪恋'。上为'贪'字头，下为'恋'字心。你贪的是金钱美色。你的心变了，把结发妻子和儿子丢到了一边。你以为能瞒天过海，今日之心会天长地久。其实，你只能骗得了今日，骗不了明天。今日之心，若是美好，值得永远留念；若是邪恶，你就得吞食苦果。因为你这一念之差的'念'是'妄念''邪念''欲念''不伦不念'……"

李杨捂着脸，连声说："是啊，是啊，我错错错，一万个错！我向杨丽认罪，她能原谅我？"

马汉文道："'错'，既为'过错'，也是'错过'。你犯了过错，瞒了这么长时间，错过了改错的机会。你不是会制作谜语吗？你看这'错'字，右边为'昔'，左边为'金'。'昔'字当作从前讲，指你过去看中金钱美色犯了错。左边若是去'金'改成'人字旁'就是'借'，世上什么都可借，就是时间借不到，人情很难借。好在小杨跟你情缘未尽，只是一时愤恨才离家出走，你欠情要还啊。"

李杨道："怎么还？我把命还给她也行啊！"

马汉文道："'昔'字加手是'措'。你得采取措施，付诸行动，别光诅咒发誓。"说罢，他低头跟李杨商讨起赔罪的办法来……

年轻善美的妇女——娘

niáng
娘

甲骨文
金文
小篆
隶书
楷书

　　古代的"娘"字是个左右结构的形声字兼会意字。左边的"女"字作形符，表示跟女性有关。"娘"字右边的"良"字读"liáng"，作声符并会意。

　　"良"字与"女"字组合，指"年轻善美的妇女"。因是指年轻的妇女，所以古人用"女"字作"娘"字的形符。

　　古人为什么用"良"字作"娘"字的声符呢？

　　甲骨文的"良"字是个象形字，字形像古代穴居两侧有进出廊道之形，金文加出台阶，小篆使其整齐化，隶变后的楷书写作"良"，本义为"进出的廊道"。进出的廊道比屋子高敞明亮而显得高朗，所以引申指"贤明"，再引申指"良好""美好""善良"等意思。后来"良"字为引申义所专用，古人就另造了个"廊"字专门指走廊、廊道，"良"字就表示"美好""优良"。后来"良"字作偏旁用，但也可单用。从"良"字取义的字都与"高朗""美好"有关。年轻女子大多善美可爱，所以古人用"良"字作"娘"字的声符并会意。

　　楷书的字形由甲骨文演变而来，隶变后写作"娘"。

　　"娘"字的本义是对年轻妇女的统称。如方言中称妻子或尊称中青年妇女为"娘子"，未婚的女子称"姑娘"，由妇女组成的队伍泛称"娘子军"。还有新娘、伴娘、喜娘等词。

　　"娘"字由本义引申指"母亲"。已婚女子自己的父母家称"娘家"。还有娘舅、娘胎、爹娘、老娘等词。"娘"字由上义引申指"长一辈或年长的已婚妇女"。如大娘、娘姨、婆娘、婶娘、师娘、丈母娘等词。

别惹本姑娘

古时信奉"女子无才便是德",这句话,在几千年间,几乎剥夺了所有女子接受文化教育的权利,直到民国年间,有些城市学堂才招收女生。

却说民国初年,无锡洛社师范学堂有位女学生名叫李阿娇。这姑娘长得俊俏,泼辣大方,嘴不饶人,一般男孩子都怕她,背后称她"李辣椒",轻易不敢惹她。

这学期,李阿娇班上插进了一个油头粉面的小男生,据说是无锡县县长的公子,人称"吴公子"。吴公子学业平平,但小小年纪,就学会对女同学品头论足和写情书示爱了。他插班后不久,就看上了李阿娇,千方百计接近她,向她表白爱意,想求得她的芳心。但李阿娇全然不放在心上,对这不学无术的花花公子,没一点儿好感。

这天,阿娇放学回家,从运河上的大木桥走过,吴公子和几个同学早早地等在桥头了。吴公子一见阿娇,大声招呼道:"阿娇,我会作酒令哩,今日作了一首,念给你听听。"说罢,也不管人家听不听,放声念道:

"有木便是桥,无木也仿乔;去木添个女,添女便是娇;阿娇休要走,我就爱阿娇。"

桥头几个同学听了,哄笑着喊好,阿娇定定神,站在桥上大声回答道:

"有米便为粮,无米也为良;去米添个女,添女便是娘;姑娘不爱你,别惹本姑娘。"

阿娇这一说,李公子自觉没趣,带着同伴灰溜溜地走了。他这大胆的求爱,就此熄火了。

用酒原料高温发酵酿酒

niàng
酿

醸 小篆

醸 隶书

酿 楷书

  小篆的"酿"字是个左右结构的形声字兼会意字。左边是个"酉"字作形符。这个字读"yǒu",像酒坛子,是"酒"字的本字。作形符表示跟酒有关。
  右边的"襄"字读"xiāng",作声符并会意。
  "酒"与"襄"组合在一起,指用做酒的原料经高温发酵造酒。因是发酵造酒,所以古人用"酒"字作"酿"字的形符。
  古人为什么用"襄"字作"酿"字的声符呢?
  古代的"襄"字表示"在农田耕作时,脱去外衣,降低温度"之义。而人们在造酒时,酒的原料经高温发酵后,酒汁流出来,剩下的酒糟温度也随之降下来,这与脱衣降体温的道理相似,所以古人用"襄"字作"酿"字的声符并会意。
  楷书的字形由小篆演变而来,写作"醸",后简化为"酿"。这样就成了一个以"酉"为形符,以"良"为声符的形声字了。
  "酿"字的本义指"造酒",如酿造、酿酒等。
  "酿"字由本义假借指"蜜蜂做蜜",这就是"酿蜜"。
  "酿"字由本义又引申指"逐渐形成",如酝酿。
  "酿"字又引申指"酒",这就是"佳酿"。

"酿"酒缸缸好

清朝年间，有位作家、戏曲理论家名叫李渔。他祖籍是浙江兰溪，生于江苏如皋。他从少年时代开始，就云游四方。他家里设有戏班子，到各地为达官贵人演出，所以他阅历颇广。他创作了不少词曲和戏剧剧本，还著有戏剧理论和小说，饮食、园艺、营造等专著也不少。他有丰富的舞台经验和创作实践，能将理论与实践相结合，有许多超越前人的见解，对当时的戏剧界影响很大。

李渔不仅学识渊博，而且字也写得很好，是位著名的书法家。每逢过年过节，左邻右舍相识的人来讨字，分文不取，凡商铺店家来求字，要价颇高。李渔性格活跃，诙谐，爱开玩笑。对一些投机取巧，搞坑蒙欺骗的人，常使些小点子，让他们出丑丢人，以示教训。

有家酿酒坊的富翁，此人颇有经营头脑，自家酿酒，自家开店卖酒，还用酿酒剩下的酒糟办了家养猪场，又开了家肉铺卖肉……可这人忘了做买卖以诚信为本，常克扣斤两，酒中掺水，因此名声不佳。这富翁让店伙计来找李渔写副对联，李渔收了银两，写了副对联：

酿酒缸缸好做醋坛坛酸，
养猪头头大老鼠只只瘟。

富翁也未及细看，就把对联贴在了酒店大门上。不料，年初一早晨，门口围了不少人，读着这副对联一个个哈哈大笑。富翁听了，气得浑身发抖。你猜咋的？因为上联讲的是"酿酒缸缸好做醋，坛坛酸"，这家是酒坊，虽说陈酒变醋，但酿酒的酒不如醋，每坛都酸这不是倒了大霉吗？下联讲的是"养猪头头大老鼠，只只瘟"，养猪希望大点儿，肥点儿，但每只如同老鼠，且都得瘟疫死掉了，这也是不吉利啊。

富翁刚要扯下对联，去找李渔算账。李渔不请自到，当着众人说："我这对联说的都是大吉大利的话呀。你听我读——酿酒缸缸好，做醋坛坛酸——这有错吗？下联养猪头头大，老鼠只只瘟——这难道不对吗？你家养猪场多瘟死些老鼠不是大好事啊？"

富翁听了，无话可说，气呼呼地回屋里了。

昂首钩喙威严的大鸟

niǎo
鸟

甲骨文

金文

小篆

鳥
隶书

鸟
楷书

甲骨文的"鸟"字是个象形字。字形像一只鸟昂着头，伸长颈子，坚硬的喙成钩状，气势威严地蹲踞着。这是一种大型的猛禽，属于老鹰、秃鹫、老雕之类。

金文的字形由甲骨文演变而来，像一只头朝左站立着的鸟儿的样子。小篆的字形由金文演变而来，隶变后楷书写作"鳥"，后简化为"鸟"。凡与"鸟"组成的字，大都与禽类有关。

《说文解字》把"鸟"解释为"长尾禽的总称"，这一说法恐不准确。因为短尾巴鸟也有从"鸟"的，如"鹤"；而长尾巴鸟也不一定从鸟，如"雉"。

"鸟"字的本义指"雕类的猛禽"，是"雕"字的本字。

由于"鸟"泛指各种鸟类，猛禽之义便又加声符"周"写作"鵰"来表示，异体字写作"雕"，如今规范化为"雕"，用于"雕刻、雕琢、雕塑"之义。

"鸟"字由本义引申指"鸟儿"，如随季节而变更栖息地区的称"候鸟"；初生的小鸟称"雏鸟"；从高处往低处看或比喻对事物概括观察论述的称"鸟瞰"；凶猛的鸟如鹰雕等也称"鸷鸟"。飞鸟、凤鸟、蜂鸟、害鸟、益鸟、水鸟、海鸟、花鸟、鸵鸟、比翼鸟、啄木鸟等都是指鸟类。

"鸟"字由本义引申指"与鸟有关的"，如天葬也称"鸟葬"；险峻的山路也称"鸟路"。鸟枪、鸟笼、鸟食、鸟巢等都与"鸟"相关。

"鸟"字也作姓氏用。

"宋一鹤"改名"宋一鸟"

在中国历史上，人们在使用汉字时，不少人都遵循"避讳"这一习俗。从先秦一直避讳到清末，不但要为帝王避讳，还得为地方长官、为自己的长辈避讳；不但姓名相同要避讳，地名、事件、用物等也得避讳。"避讳"一事可谓源远流长，花样百出，所以才有"国讳、家讳、圣讳、官讳"这些"避讳"的术语。

就拿"官讳"来说吧。宋朝有个知州，姓田名登。他为避讳"登"字，不许百姓把"灯"字说成"灯"，而只能说成"火"。如"点灯"改为"点火"。上元节放灯，百姓要进城赏灯，州官在布告上写着："本州依例放火三日。""放灯"变"放火"，后世便有"只许州官放火，不许百姓点灯"这一俗语了。

宋朝蔡京任宰相时，权倾一时，众官员都避其名讳，不敢说"蔡"与"京"字。有一小官，在家无意中说到"京城"一词，便触犯了"京"字之讳。家人提醒他，他便举起手掌，连打自己嘴巴数下，以示惩罚。

相传明朝万历年间，朝中有一大官名叫杨世昌，其父名叫杨鹤。杨世昌有一部下名叫宋一鹤，这名字很有诗意，也很吉祥。一仙鹤立于水边，十分宁静，又有长寿之义。但此人为了表示自己对杨世昌父亲的尊重，把自己名字中的"鹤"字左半边砍去，留下一"鸟"字，这下就改名为"宋一鸟"了。

这天，众多官员参见杨世昌。按明朝礼节，长官接见时，下官都得报告自己的姓名，并配以"某某某参见大人"的呼喊声。等到宋一鹤上前时，他大声喊道："宋一鸟参见大人！"

在场官员听了，都掩嘴而笑。

一字一世界

体内排出的液体——尿

niào
尿

甲骨文

小篆

尿
隶书

尿
楷书

　　甲骨文的"尿"字是个象形字，字形像一个人低着头，弯着腰，前面有三点表示水，指这个人在排尿。

　　小篆的"尿"字有所不同，改为上面是个"尾"字，下面是个"水"字，成了上下结构的会意字，表示人排出的液体是从下身排出的。

　　隶变后的楷书写作"尿"。上面的"尸"字指"人"。"尸"字下面是"水"，表示从人体内排出来的像水一样的液体。

　　"尿"字的本义指"小便"，是指"从体内排出体外的似水的液体"。人们常说"尿尿"，前面一个"尿"字作动词用，后面一个"尿"字作名词用，指的就是"小便"，如尿道、尿布、尿肥、排尿等。

　　"尿"字由本义引申指"撒尿"。"撒尿"也是指"小便"。"遗尿"是指不由自主地排尿，多指幼儿或儿童。在炕上遗尿叫"尿炕"；在床上遗尿称"尿床"。

　　"尿"字是个多音字。读作"suī"时，指"小便"，作名词用，如尿泡、一泡尿等。

"尿"尿和烂泥

清末光绪年间,有户人家办喜事,请来四乡八村的亲朋好友。因客人太多,主人在为宴席排座次时遇到了难题。按规矩,年纪最长者应坐首席,但谁最年长呢?主人灵机一动,待酒菜上齐后,他提议道:"在座各位仙翁都满腹诗文,我不能一一询问高寿,想以无锡话行酒令,决定最年长者来坐首席。"众人喊好,一老翁摸摸白胡须先行令:

> 东天日出亮赤赤,
> 照见吾牙须雪雪白。
> 盘古皇帝分天地,
> 吾替伊搹曲尺。

"亮赤赤",无锡方言"亮堂堂"之意。"盘古"是古代神话中开天辟地的神仙。"伊"指"他"。遥想当年盘古开天辟地时,这位老翁为他扛曲尺,可见他已是千秋万岁的老翁了,众人齐声叫好。第二位老翁接令道:

> 东天日出亮赤赤,
> 照见吾牙须雪雪白。
> 王母娘娘蟠桃三千年拨一只,
> 是吾吃过七八百。

"拨"是无锡方言"给"的意思。三千年的蟠桃只给一只,如今已吃过七八百只,可见此翁已二百万岁了。第三位老翁笑着接令:

> 东天日出亮赤赤,
> 照见吾牙须雪雪白。
> 吾亲见你两家头尿尿和烂泥,
> 又来罔话骗我老伯伯。

无锡话"两家头"指"两人"。"罔(wǎng)话"指随意说的骗人的话。这位老人言下之意,我亲眼看到你们小时候尿尿和烂泥玩,是看你俩长大的,现在竟用瞎话来骗我老伯伯,这可不行啊。这位老翁说的"尿尿和烂泥",生动形象,引得哄堂大笑,在欢笑声中坐到首席。

附耳窃窃私语——聂

nià
聂

金文
聶 小篆

聶 隶书

聂 楷书

　　古代的"聂"字是由三个"耳"字组成的。"耳"在甲骨文中是个象形字，形状就像耳朵，本义就是指"耳朵"。

　　现在三个耳朵加在一起，表示耳朵靠近耳朵。耳朵靠在一起是什么意思？表示说话人的声音很细很轻，必须靠得很近才能听清楚。因此，"聂"的本义是指"附着耳朵小声说话"，也就是"窃窃私语"。

　　三个"耳"字笔画太多，后来简化用"双"字代替下面两个"耳"字，这样一来，原先的会意字就看不出什么名堂了。

　　"聂"字的本义很少用了，现在只作为姓氏用。但我们想到"嗫"字，仍能体会到"聂"字原先的意味。不是吗？讲话吞吞吐吐，想说又不敢说出来，细声细气地憋了半天，嘴唇动了几下，才说出半句话来，这就是"嗫嚅"。

　　如若在"聂"字左边加个"足"字，就是放轻脚步，慢慢地走路，这就叫"蹑手蹑脚"。

《隶辨》

"聂"生三耳

民国年间，江西九江有个人叫聂江生，为人豪爽，爱交朋友。这天，南昌好友丁勺原特地来拜访，他便请丁勺原到一家酒楼喝酒谈心。

几杯酒下肚，聂江生话便多了起来，有些话说得也不太得体。当话题扯到二人的姓氏上时，聂江生对丁勺原说："一瞧你那姓，就知道你这人太小气，一个字才两笔。瞧咱姓聂的，三个耳朵，多气派！"说罢，他以自己的姓为题，出了个上联，要丁勺原也以自己的姓对出下联。

聂江生出的上联是：

> 聂生三耳，听天听地听时事。

丁勺原听罢，闭起眼想了一会，睁开眼说道："听我的！"

> 丁着一钩，悬国悬民悬社稷。

聂江生听罢，连忙站起来，对丁勺原深深一鞠躬，说："佩服，丁兄有气派！丁兄有气派！"

名不副实

妾所生的孩子——孽

niè
孽

小篆的"孽"字是个上下结构的形声字兼会意字。下面的"子"字作形符，表示跟子女等义有关。"孽"字的上面是"薛"字，读"xuē"，作声符并会意。

"薛"字与"子"字组合，指不是正妻所生的孩子。因讲的是孩子的事，这跟"子"字有关，所以古人用"子"字作"孽"字的形符。

古人为什么用"薛"字作"孽"字的声符呢？

小篆的"薛"字，由三个字组成。上面是草字头，表示跟草有关。左下方是"𠂤"字，读"dū"，表示"高高的土堆"。右下方是"辛"字，本指"辛辣味"，后引申指"痛苦"，又引申指"罪人"。将三个字综合起来的意思是，土堆上的小草很微小卑贱。所以"薛"字有"罪人"和"卑贱"之义。

在古代，社会等级制度森严，奴婢及妾在家庭中地位低下。"妾"是指有罪的女子，是陪嫁之女，后引申指正妻之外非正式娶的女子。妾所生的孩子称"庶子"，比正妻所生的"嫡子"地位低得多。正因为此，古人才用"薛"字作"孽"的声符。

楷书的字形由小篆演变而来，写作"孽"。

"孽"字的本义指"妾所生之子"，由本义假借指"罪恶、邪恶"，如罪恶的根源、祸根称"孽根"，佛教指造成某种恶果的因缘称"孽缘"，十分邪恶的人称"妖孽"。还有余孽、造孽、罪孽、作孽等词。"孽"字由上义引申指"不忠、不孝"。如旧时长辈骂不孝子孙为"孽种""孽子"，不忠的臣子为"孽臣"。

孽 小篆
孽 隶书
孽 楷书

天作"孽"和自作孽

　　从"孽"字的字形结构就可看出，中国在远古时代就有严格的社会等级制度。"孽"字最早的意思是指妾所生的儿子，古人称之为"庶出"。"庶"字读"shù"，这个字除了表示众多、富庶之外，也表示平民百姓，如庶民。"庶"字还表示在宗法制度下家庭的旁支，跟"嫡系"的"嫡"字相对。"庶出"就是指妾所生的孩子，地位要低一等。

　　在植物学上，树上旁生的枝条称为"蘖"，这个字与"孽"字同音。"孽"字"庶出"的义项是从"蘖"字引申来的。因为是"庶出"，不是"嫡子"，所以地位低贱，由此又引申出"邪恶""罪恶"的意思。

　　在民间俗语中有句口头语："自作孽，不可活"。此话出自《尚书》，原文是："天作孽，犹可违；自作孽，不可逭。""违"是避开之义；"逭"读"huàn"，是逃避之义。指上天降临的灾难还能避开，而自己所作的孽是逃脱不掉的。

　　远古时代，人们不明白月食形成的科学道理，认为是"天作孽"，上天要惩罚人类了。

　　八月中秋赏月时，人们编造出嫦娥奔月，月宫中有吴刚砍树，还有玉兔及蟾蜍"chán chú"这两个人间动物。月宫里的这只蟾蜍有三条腿，据说是王母娘娘邀请的神仙。蟾蜍俗称"癞蛤蟆"，在古诗文中常用它来代指月亮。因这癞蛤蟆喜欢吃吴刚砍下的那棵桂树的树枝叶，因此古人"用蛤蟆抱桂"称"月食"。

　　唐代有位诗人写了一首颇为古怪的《月蚀诗》，其中有一句："传闻古老说，蚀月虾蟆精。"接着还发过感慨："呜呼，人养虎，被虎啮。天媚蟆，被蟆瞎。乃知恩非类，——自作孽。"这句话的意思是说，正如人喜欢养老虎一样，老天爷喜好的是蛤蟆。人养虎为患，弄不好被虎吃掉。老天爷喜好蛤蟆，最终被蛤蟆弄瞎了眼睛。人养老虎是人作孽，天喜好蛤蟆是天作孽。"天作孽，犹可违"，所以天上月食不会把地上的人全弄死；而"自作孽，不可逭"，所以人被虎吃掉，就不复存在了。

一字一世界

把你放在心上——您

nín
您

"您"字是个上下结构的形声字。上面的"你"是形符，下面是个"心"，表示读音。"您"字的本义是"你"的尊称。

先讲上面的形旁"你"字。"你"的左边是"单人旁"，右边是个"尔"字，这"尔"字在古文中就是"你"的意思，"单人旁"表示一个人。"你"是代词，用来称对方，指对方一人，但若与其他字搭配，也可指一群人。

在"你"字下面加个"心"，依然是人称代词，但含有敬意，这"心"字表示诚心诚意，当我们称呼别人为"您"的时候，是出自热情礼貌，同时也体现了自己的真情。

金文

楚
小篆

您
隶书

您
楷书

有心与你来相配——您

关于"您"字,有一段"有心与你来相配"的爱情故事。

相传唐朝有个读书人,名叫崔俊逸。他年轻英俊,才貌双全。他的父亲在朝廷当官,跟当朝宰相是好朋友。

这天,崔公子奉父亲之命,到相府探望宰相的病情。宰相的千金小姐见崔公子一表人才,顿起爱慕之心。她匆匆上楼,在纸上写了个"您"字,折起来,让丫环交给崔公子。

崔公子拿回家一看,不解其义。这时,身旁的书童笑着说:"恭喜相公,宰相家的小姐爱上你了。"

崔公子问:"此话怎讲?"

书童指着"您"字说:"小姐是有心与你来相配啊。"

不祥之兆

有吃有住心安宁

níng
宁

甲骨文

金文

小篆

寧
隶书

宁
楷书

  甲骨文的"宁"字是个会意字，由"宀""皿""丂"组成。"丂"读"kǎo"，本义指支撑重物的工具，在这儿表示搁板。这三部分组合在一起，表示屋子里的搁板上放着食物。

  金文在甲骨文的基础上增加了个"心"字，突出了人心之所愿。小篆的字形使其整齐化，隶变后的楷书写作"寧"，如今简化为"宁"。这个"宁"字在甲骨文中就有的，它是"贮"字的初文。

  也有人认为，古代的"寧"字是个形声字兼会意字，它由"宀""皿""心""丁"组成。"丁"作声符，读"dīng"，其余皆为形符。这四部分组合在一起，指人们有房住，有饭吃，心里就踏实，就安定、平静。因为"宀"表示家和房屋；"皿"字读"mǐn"，指"器皿"，是吃饭的锅碗瓢盆之类；"丁"指人口；"心"指人的心理。综合起来看，"寧"字的本义指"安定、安静、安心"，如社会秩序安定称"宁靖"；安静无声称"宁静"，安定或安宁的日子称"宁日"，健康安宁称"康宁"。

  "宁"字是个多音字。读作"nìng"时，假借指"情愿"，表示在比较利害得失之后的选择，这就是"宁可"，也称"宁愿、宁肯"。如"宁缺毋滥""宁死不屈"都是"宁可"的意思。

  还有个词叫"毋宁"，跟"不如"是同一个意思，如"不自由毋宁死"，即"不自由不如去死"的意思。

  "宁"字读作"níng"时作江苏南京的别称。

  "宁"字读作"níng"时也作姓氏用。

无心"宁"国

读过古典长篇小说《水浒传》的人都知道，宋徽宗当皇帝的时候，有几个大奸臣。一个是他身边的大太监童贯，另外还有蔡京、王黼、梁师成、李彦和朱勔。这六个人仗着宋徽宗的皇权，一个个为非作歹，无恶不作，百姓十分痛恨他们，称他们是朝廷六贼，北宋王朝就是在这六贼乱政之后灭亡的。

六贼之首是蔡京，他当了宰相后，把持朝政，贪赃枉法，无所不为，百姓对他恨之入骨。当时民间流传一首民谣："打破筒（指大太监童贯），泼了菜（指奸相蔡京），便是人间好世界。"这首童谣，反映了百姓对宋朝黑暗统治的反抗情绪。

宋徽宗继承皇位的第二年，将年号改为"崇宁"。用意很明显，希望国泰民安，天下安宁。他将这年号铸造在流通的钱币上，这"崇宁"二字，由蔡京亲自书写，再以其字体来浇铸钱币。

钱币造好后，人们发觉蔡京将"崇"字写得像鬼鬼祟祟的"祟"字，将"山"字下面的一点没有分开，连笔而成，而将当时楷体的"寧"（宁）字，把中间的"心"字去掉了，所以老百姓就编了一首民谣讽刺他。民谣曰："有意破崇，无心寧国。"说他把持朝政，陷害忠良，写一个"崇"字都往鬼鬼祟祟上靠，写个"寧"字都把"心"字丢了，痛斥他"无心宁国"，他便是国家大乱的祸根。

不久，江南一带便爆发了大规模的农民起义，大宋江山岌岌可危。

水遇寒冷而结冰——凝

níng
凝

小篆
凝
隶书

凝
楷书

小篆的"凝"字是个左右结构的形声字兼会意字。左边的"两点水"表示冰，作形符，表示跟结成冰有关。"凝"字的右边是"疑"字，读"yí"，作声符并会意。"疑"字与"冰"组合，指水遇到寒冷便会结成冰。

在甲骨文、金文及小篆中，"冰"字是个象形字，字形就像刚凝结的冰花一样，上下两个尖角形，隶变后的楷书写作"冫"，作偏旁用，称"两点水"或"冰字旁"。凡用"两点水"取义的字都与"寒冷"等义有关。所以古人用表示"冰"的"两点水"作"凝"字的形符。

古人为什么用"疑"字作"凝"字的声符呢？

甲骨文的"疑"字是个会意字。字形像一个人手拄拐杖站在半条街上，左右张望，犹豫不行，表示"停在那儿"之义。隶变后的楷书写作"疑"，本义指"犹豫不行"和"疑惑怀疑"，由此引申指"止息"和"聚结"之义。因水结冰后不再流动，也有"停止不动"之义，所以古人用"疑"字作"凝"字的声符并会意。

楷书的字形由小篆演变而来，写作"凝"。

"凝"字的本义指"结冰"，如凝结、冰冻称"凝冻"，由液体变成固体称"凝固"，凝结、聚合称"凝合"，凝结、聚集称"凝集"，由气体变成液体或由液体变成固体称"凝结"。还有凝聚、凝脂、凝滞、凝固点、凝聚力等词。"凝"字由本义引申指"注意力集中"，如目不转睛称"凝目"或"凝眸"，聚精会神称"凝神"，聚精会神地看称"凝视"，聚精会神地思考称"凝思"，目不转睛地看称"凝望"，端正、庄重称"凝重"。

"凝"和"凝神"

　　两千五百多年前的一个盛夏，孔子和一群弟子，驾着马车，到郊外避暑气。他们在一片绿荫蔽日的大树林里停下，享受酷热中难得的清凉。

　　树林里，鸟儿啾啾地叫，蝉儿一阵阵地唱着悠长的歌儿，显得更加幽静。忽然，蝉儿不叫了，传来一阵"噼里啪啦"的拍翅膀声，众人扭头一看，只见一位驼背老翁，站在一棵大树下，手举一根长竹竿，正仰头朝树枝张望呢。

　　原来，这老翁的竹竿顶端粘着树脂，正用它在捕蝉呢。蝉壳晒干了可入药，这也是一笔收入啊。老翁旁若无人，仍专心地在用竹竿捕蝉。他动作沉稳而又敏捷，一会儿就能粘着一只，然后随手放到脚旁的竹筐里。孔子的弟子们简直看呆了。

　　孔子看着，也十分吃惊。他向老人招招手，请他一块儿坐下歇歇，老人头一直仰着，也怪累的。

　　驼背老人应声而来，孔子的弟子们围着他坐下。孔子问道："老人家，你手脚麻利，本事不小啊，你的捕蝉技巧怎么这么高超啊。"

　　老人指指竹竿回答道："这不是一日之功啊。有人收购蝉壳，可制药。每年夏天我就以捕蝉为生。天长日久，我就熟能生巧了。"

　　有弟子问："你如何练成这等功夫的呢？"

　　老人解释道："先得练手劲，要把竹竿握紧，不能抖动。其次练目光，要能很快发现蝉儿的位置。最关键的是要聚精会神。我站在树下，如同木桩，纹丝不动。我盯着蝉翼，心、手及眼睛只看蝉翼，大千世界，万事万物都不在我心上，不在我眼里，也不在我耳朵里。什么情况都不能影响我的注意力，所以我才能捕到蝉。"

　　孔子听了老人这番话，深有感触地说："用志不分，乃凝于神，其佝偻（gōu lóu）丈人之谓乎？"孔子这段话的意思是：心思不分散，才能专心致志，聚精会神，不就是这位驼背老人所说的道理吗？

　　孔子在这段话中用了"凝于神"三字，被后人简化为"凝神"一词。这就是集中精力，聚精会神的意思，用来形容人说话做事时神情专注，如凝神而视、凝视倾听、凝神思考等。

女孩子——妞

niū
妞

妞 小篆

妞 隶书

妞 楷书

  小篆的"妞"字是个左右结构的形声字兼会意字。左边的"女"字是形符，表示跟女性有关。右边的"丑"字读"chǒu"，作声符并会意。

  "女"字与"丑"字组合，指"未成年的女孩子"。

  因是指"女孩子"，所以古人用"女"字作"妞"字的形符。

  古人为什么用"丑"字作"妞"字的声符呢？

  在古文中，"女"字是个象形字。甲骨文的"女"字，就像一个女子柔顺交臂跪坐之形，看上去是个未嫁之女。从中也可看出古代女子地位低贱，反映出古人重男轻女的思想意识。

  古代的"丑"字有"厌恶、丑陋"之义，"丑"也有"低贱"之义，所以古人用"丑"字作"妞"字的声符并会意。

  楷书的字形由小篆演变而来，写作"妞"。

  "妞"字的本义指"未成年的小女孩"，如妞妞、妞子、小妞儿等。在口语中，这是一种亲密的昵称，有喜爱之义。

"妞"妞拴牛

民国年间，大旅行家徐霞客的两位徐氏后代热衷于旅行。这两人是堂兄弟，一个叫名徐玉立，一个名叫徐阿华，二人家境殷实，在城里开南北货店，常到各地采购货源，顺便游历名山大川。他俩跟先祖风格不同，他们并不在意各地地形地貌，而是注重收集民歌民谣，方言土语和民俗内情，每有见闻，都如获至宝，随手记录下来。

这年初秋，两人到东北长白山采购人参。他俩每年都来，有固定的关系户，住这儿就像走亲戚似的，受到热情款待。

山里人好客，除了谈生意，也聊家常。一天，阿华正跟马大爷唠嗑，忽听他孙子小马在大声呼叫。原来是马厩里两匹马互相撕咬，一匹马挣脱缰绳跑了，小马喊妈妈拉马。妈妈应声出来，将马拉住，在马背上捶了几拳，又拉回马槽，抱草喂马……见此情景，阿华略作构思，写出一上联：

马咬马，马踢马，小马喊妈妈出，妈打马，
妈拉马，马归马槽，妈妈喂马，马看妈，妈看马。

徐玉立到牛家屯去采货了，尚未回来。阿华将这上联反复吟诵，直到满意了，这才定稿，构思下联。这上联谐音、顶针、转意、叠字，回文于一句，前后对照，相映成趣。要对出下联可不易。

徐玉立回来，阿华忙不迭将这副对联读给他听，还讲了事情的前后经过。徐玉立听了，一拍巴掌说："真是阿娘碰到阿巧爷了。刚刚我在牛家屯牛大爷家，他家两头牛打架，用头顶呀，撞呀。牛大爷叫她孙女妞妞去赶牛。妞妞走上去，用笤帚拍打牛屁股，把牛撵回牛棚里。我看，把这事儿可改成下联。"

兄弟俩几经推敲，终于写出了下联：

牛抵牛，牛蹭牛，老牛叫妞去，妞打牛，
妞撵牛，牛入牛圈，妞妞拴牛，牛瞪妞，妞瞪牛。

兄弟俩写完下联，又将上下联反复诵读，摇头晃脑，乐不可支，比挖到一棵千年难得的大人参还开心。

一字一世界

niú
牛

甲骨文 牛

金文 牛

小篆 牛

隶书 牛

楷书 牛

弯角大耳长鼻梁的 牛

甲骨文的"牛"字,就像一幅抽象画,它把牛的几个显著特征,生动地表现出来了。你看,这不是个牛头的正面图形吗?两边向上竖起的是两只弯曲的牛角。据专家考证,这应该是黄牛角,而不是水牛角。两角下面向上分别斜出来的两笔,是牛的耳朵,中间的一竖,可以看成是牛的鼻子,也可看成牛的面孔,只不过已经线条化了。

"牛"字,就是依据牛所突出的弯角、大耳朵、长鼻梁这几个特点,用简明的线条勾勒而成的。这充分表现了先民们形象思维的能力。牛是个象形字。牛的读音,是根据牛的叫声而定的。

中国是个以农耕为主的农业文明古国。牛是农家宝,许多少数民族的祖先,把牛视为创世神兽,对牛十分崇拜。古人还认为,牛是神所喜爱的宠物,所以在祭神时,常杀牛以牛头当供品,献给神,以求平安。

"牛"的本义就是指我们常见的牛,包括水牛、黄牛、奶牛、牦牛、野牛等种类。

牛是生性固执的动物,由固执又引申为"骄傲",所以就有牛气、牛脾气、牛性、牛劲、犟牛等这些词。

牛角是弯的,所以把无法解决的问题或不值得研究的小问题比喻为"钻牛角尖"。牛毛是细的,就把很多很细或很密的东西称之为"牛毛",如多如牛毛、牛毛细雨等。

三个秀才说"牛"字

明朝天启年间,常州城内有三个秀才。彭秀才已年老,人称彭老者。朱秀才正当壮年,牛秀才年轻,刚考上秀才,三人常有往来,喝茶饮酒,吟诗作对,时不时搞些文字游戏,自得其乐。

这天,三人到彭秀才家聚餐。席间,朱秀才说:"我出个上联,看二位能否对出下联。"

牛秀才说:"说吧,这有何难。"

朱秀才说:"彭老者一身土气。"牛秀才听了,暗暗好笑,这"彭老者"三个字中,都有个"土"字。

彭老者马上回应道:"牛先生三个牛头。"这个下联对得妙极了,"牛先生"三个字中,都有个"牛"字的头,也就是牛字的上半部,与上联对应。

牛秀才一听,不乐意了,说:"怎么扯上我了?"

朱秀才说:"你急什么?你骨子里是我们朱家的,一直躲在我们朱家人里面。"

牛秀才愣住了,不解其义。彭秀才摸摸胡须,说:"朱家的人走开,不就剩下你小牛吗?"

牛秀才一想,对呀,"朱"字去掉那一撇一捺的"人"字,剩下的不就是"牛"字吗?

大家哈哈一笑,商定明日去牛秀才家喝酒。

第二天,彭、朱二人来到牛秀才家,只见大门上贴着一张纸,上面写着个"午"字。二人见了,相视一笑,打道回府。为什么?这"午"字是说"牛"字不出头,今日他不愿做东啦。

系结用的带子——纽

niǔ
纽

小篆

纽 隶书

纽 楷书

小篆的"纽"字是个左右结构的形声字兼会意字。左边的"绞丝旁"指"丝",作形符,表示跟丝织品或布帛有关;右边的"丑"字读"chǒu",作声符并会意。"丑"字和"丝"字组合在一起,指"系结用的带子"。这种带子大都是用丝麻制成的绳索,因此跟丝有关,所以古人用"绞丝旁"的"丝"作"纽"字的形符。

古人为什么用"丑"字作"纽"字的声符呢?

甲骨文的"丑"字是个象形字,像手指钩曲用力在揪住物体的形状,表示"揪住不放,使劲扭住"。金文将钩指连在一起,小篆使其整齐化,隶变后的楷书写作"丑",它是"扭"字的本字,表示"转动"。后来这"丑"字作了"醜"字的简化字。这"丑"字曾是"扭"字的本字,有"用力转动"之义,而"纽"有"系结"之义,这些动作有相似之处,再说"丑"字有抓住物品之义,而"纽"字指可以用手抓住的部分,所以古人用"丑"字作"纽"字的声符并会意。

楷书的字形由小篆演变而来,写作"纽"。

"纽"字的本义指"系结用的带子",如能够起联系作用的人或事物称"纽带",事物相互联系的中心环节称"枢纽"。

"纽"字由本义假借指"器物上可以抓住而提起来的部分"如"秤纽"。

"纽"字又假借指"扣子",如用来扣合衣服的小物件,呈球状或片状称为"纽扣",也称"纽子"。

偏正不倚双"纽"关心

说到"纽"字，现在常见到的是"纽约"二字，这是音译地名，没什么意思。人们常提到的是"纽扣"一词。其实，"纽扣"中的"纽"字是后来假借来用作"扣子""纽子""纽扣"的。"纽"字本来的意思是指某些器物上可供抓住而提起来的部分。最突出，也是最常见的便是秤杆上的"纽"了。它在秤杆的前端，是供称秤时用手抓着拎起来称出重量的绳索。这"纽"分前后两个，称之为"头纽""二纽"，拎哪个纽，称出来的重量是大不一样的。这种秤，如今只在菜场小商小贩手中使用，大部分时候，它已被弹簧秤和电子秤所代替了。

这里讲个跟"纽"字相关的对联故事。

民国年间，苏北建湖县蒋营镇有户姓潘的人家。祖先是从北京城逃难过来的，如今已是第三代了，已形成了个大家族。这个家族以制作秤为业，秤杆乃至秤砣都是自己制作，底部留有自家的店号，不容别人仿制。据说，就因他们家制作的秤被人模仿，嫁祸于他们家，这才举家南下的。因为他们家的秤制作精良，准确可信，所以广受客商欢迎，来订货的人络绎不绝，蒋营镇成了他家制作秤的基地，他们在盐城、南京、上海等地都有店面。

潘家的掌门人潘老爷子，跟镇上私塾教书的吴大先生很要好，他请吴大先生为他家撰一副对联，请名匠刻在紫檀木上，分别挂在各地的店堂里。吴大先生欣然应允，经数月斟酌，终于写一联，请潘老爷子定夺。联曰：

轻重得宜大权在手，
偏正不倚双纽关心。

这上联指秤的重要，称出来的分量要准确，所称物品握在手中，是轻是重就凭这杆秤了。

下联讲秤杆上的前后两个纽最使人关心，不能有一点偏差。秤，衡量重量，关乎金钱和道义，来不得一点虚假与差错。

这副对联，反复讲秤的公平与正义性，很合乎潘老爷子心意，他如获至宝，当即吩咐家人去精心制作成木牌了。

双手玩赏玉器——弄

甲骨文和金文的"弄"字都是会意字。字形就像双手在把玩玉石之状。小篆的字形由甲骨文和金文演变而来，使其整齐化，变成了一个上下结构的形声字兼会意字。下面的"廾"字读"gǒng"，表示"一双手"，作声符并会意。上面的"王"字作形符。这个"王"字是"玉"字简省的写法，表示跟玉石有关。

"玉"字简省的"王"字与表示双手的"廾"字相组合，指"双手在把玩玉石"。双手把玩的是"玉石"，所以用"王"字作"弄"字的形符。

古人为什么用"廾"字作"弄"字的声符呢？

"廾"字在甲骨文中是个会意字，像两手相对拱举有所奉上的样子，表示"两手捧物"的意思。用在"弄"字中表示两手捧的是玉石，正在把玩欣赏。所以古人用"廾"字作"弄"字的声符并会意。

楷书的字形由小篆演变而来，写作"弄"。

"弄"字的本义指"把玩"，也就是拿在手里玩，如摆弄、弄水。"弄"字由本义引申指"搞、做、干"，如弄衣裳、弄花草、弄饭、弄家务等。

"弄"字假借指"想办法获取"，如弄个明白、弄一套字典。又假借指"戏耍"，如装神弄鬼、搬弄是非、糊弄、嘲弄、卖弄、耍弄、弄权、玩弄、舞弄、捉弄、愚弄等。

"弄"字是个多音字，读作"lòng"时，指"小巷子，胡同"，如里弄、弄堂等。

黄花"弄"女，女弄黄花

施耐庵是元末明初著名的小说家，江苏兴化人。他三十五岁考中进士，在杭州做过两年官，因与上司不和，弃官回家，潜心写作，他在广为流传的民间故事的基础上，加工创作了著名的长篇小说《水浒传》。

施耐庵在专心创作《水浒传》时，也不忘四处采风探亲访友，借此收集资料，听取意见，以利创作。

这一天，施耐庵划着小船出了兴化城，到湖荡一老渔夫家做客，顺便体会体会水泊梁山的意境。施耐庵每次来访，老渔夫均以鲜鱼活虾款待。这天，老渔翁指着鱼池里青草丛中的游鱼说："老朽今日得一上联，请施老弟续个下联如何？"说罢言道：

青草塘里青草鱼，青草戏鱼，鱼戏青草。

这上联以"青草塘"和"青草鱼"以及"青草"三个名词为主，其中"青草鱼"可做"青鱼"和"草鱼"的统称，用动词"戏"字将三者搅动起来，形成了一个生动活泼，互相穿插的画面，读来又朗朗上口。但要对出下联，颇不容易。

施耐庵一时对不出，吃罢午饭，便告辞回家了。他划着小船，在一个个大小不等，形态各异，高低错落的垛（duò）田中穿行。垛田里，金黄色的油菜花一眼望不到头，发出一阵阵清香，在油菜花间，几个农家小姑娘，在这万花丛中择路前行，她们身上沾满了金黄色的花瓣，那金黄色的油菜花朵又朝她们迎面扑来……此情此景，看得施耐庵目不暇接，兴奋不已。猛地，他想到了回答老渔翁的下联：

黄花田中黄花女，黄花弄女，女弄黄花。

这个上联的"黄花女"是未出阁的姑娘的俗称，与上联的"青草鱼"相对。"弄"字作动词用，与上联"戏"字相对应。黄花戏弄黄花女，小姑娘们也戏弄黄花，形成一幅绚丽多姿的美景。

施耐庵想罢，立即调转船头，去向老渔翁报喜去了。

手抓女为奴

nú
奴

甲骨文
金文
小篆
隶书
楷书

　　"奴"字的左边是"女",右边是"又"。在古代,"又"就是"手",这就意味着,一只手正死死地抓住一个"女"。

　　这个"女"是谁?看来,是古代部族战争中被打败一方的女子。按当时的规则,战败一方的男子都将被杀死,而女子则被抓住,收入自己的部族,分给男子,当作奴隶。这个"奴",兼有"做妻子"的意思,所以"奴"字从"女",表示在当时奴隶只代表女性。

　　也有人把"奴"字看作是"辛勤劳作的人"。"女"字旁的"又"字,虽然同是一只手,但这只手是表示劳动的手,我们不妨理解为,女性是终日从事辛勤劳作的人。这就体现了"奴"字就是"女奴"的本义。

　　因为"奴"字表示地位低下,被看作是罪人,所以后来引申为凡是罪人,都称为"奴"。因为"奴"是听人使唤的,所以就有了奴役、奴仆、奴婢等这些词。"奴"还被用来作为蔑称,指那些有某种特点的人,如洋奴、家奴、守财奴等。在早期白话文中,青年女子自称为"奴",如奴家。人们把甘心受人奴役的品性称为"奴才""奴性",把卑躬屈膝奉承巴结的样子称为"奴颜婢膝",把谄媚讨好的样子称为"奴颜媚骨"。

女又可称奴

北宋大文学家苏东坡,是位书法家、画家,还是位政治家。他在许多地方当过官,做过不少于民有益的事,受当地百姓赞颂,在文坛也留下许多佳话。

苏东坡有个妹妹叫苏小妹,吟诗作对,幽默聪明,是个才女。兄妹俩有个共同认识的好朋友名叫佛印和尚,是他们家的常客。苏东坡也经常带苏小妹到寺庙拜访佛印,他们谈诗论画,猜谜语,作对子。

这天,佛印和尚又上门来讨酒喝,苏小妹说出家人不该喝酒,佛印和尚生气地说:"佛也是人嘛!"

苏小妹听了,立刻想到一上联,说:"对出下联,方可喝酒。"

佛印和尚说:"小妹,请!"

苏小妹说:"人曾是僧,人弗能成佛。"

佛印和尚吩咐道:"拿纸墨来!"

趁苏小妹铺开纸墨的工夫,佛印已想好了下联,挥笔写道:"女卑为婢,女又可称奴。"

这副对联用拆字法,把"僧""佛""奴""婢"拆开讲,构思巧妙,对仗工整。两人都有戏弄对方的意思,只不过佛印和尚的口气重了点。站在一旁的苏东坡同情妹妹,说:"小妹,你这次吃亏了。"

一字一世界

心中愤慨——怒

nù 怒

金文

小篆

怒
隶书

怒
楷书

　　小篆的"怒"字,是个上下结构的形声兼会意字。下面的"心"字为形符,表示与思想或心理活动有关;上面的"奴"字是声符,读"nú",两形合一,指"心中愤慨"。

　　古人为什么用"奴"字作声符呢?因为古代的"奴"字指"俘虏或被捉的犯罪的人"。这些人被奴隶主奴役差使,打骂凌辱,他们的心里常满怀愤恨,所以"怒"字以"奴"字作声符并会意。

　　"怒"字的本义指"生气、愤慨",如怒火、怒斥、怒目、怒气、怒容、怒色、怒视、触怒、动怒、发怒、含怒、恼怒、激怒、迁怒、盛怒、怒冲冲、怒不可遏、怒目而视、怒发冲冠等。人在发怒时,往往盛气凌人,不可一世,所以称之为"怒火中烧"。

　　"怒"字由本义又引申指"气势很盛",如怒放、怒吼、怒涛、怒潮、狂怒、百花怒放、狂风怒号等。

　　怒族,是我国少数民族之一,分布在云南。

又女变心成怒

民国年间，无锡小娄巷有两户人家，一户姓秦，一户姓钱，两家对门相望。秦家少爷叫秦家驹，钱家小姐叫钱德玉。这两人从小在一起长大，可谓青梅竹马。成年后，两人互生爱意，便结为秦晋之好，成为夫妻。

秦家在闹市开了个南北货店，秦家驹负责进货，常年在外奔波，远则云南四川，近则上海杭州，有时三五个月才能回家。

钱德玉是位才女，店堂不用她问，家务事不用她做，除了看书习字，别无他事，生活甚是孤独。丈夫常年在外，也有寻花问柳的事传到她耳朵里来，心中不免有些伤感和怨恨。

这年年末，丈夫远行归来。他见妻子愁眉不展，似有幽怨之色。他担心在外的一些风流事传到妻子耳朵里了。为了堵住妻子的嘴，不要撕破夫妻间隔着的这层纸，他写了一句话："二人合口成吞，口藏天下。"

这是句拆字联。"二人"加"口"构成"吞"字。"口"在"天"字的下面，因此又说"口藏天下"。"二人"也指他们夫妻两人，这句话暗示妻子要把天大的秘密藏在心中。

钱德玉看了，明白丈夫心中的意思，她强压怒火，以下联抒发了心中的愤懑："又女变心成怒，心恨奴孤。"

这下联用"又"字、"女"字、"心"字三字合成"怒"字。而"女"字与"又"字可合成"奴"字，意思指心恨奴家孤单的意思，因而说成"心恨奴孤"。

夫妇俩这副对联，各自表露了心中的用意。看来，这对夫妻的婚姻已有裂痕，结局如何，且不好说。

从太阳得到温暖

nuǎn 暖

古代的"暖"字，是个左右结构的形声字兼会意字。左边的"日"字是形符，表示跟日光、太阳有关；右边的"爰"字是声符，读"yuán"。这两个字形组合在一起，指"从阳光中引来温暖"。也有人认为，这个"暖"字是异体字。小篆的"暖"字左边是"火"字作形符；右边是"爰"字作声符，写作"煖"。如今规范化，以"暖"为正体。

古人为什么用"爰"字作"暖"字的声符呢？甲骨文的"爰"字，是个会意字，上面是一只手（爪）持棍子或绳子，让下边的人用手（又）抓住，将其缓慢地拉引上去的形状，象征拉引趋向，有"拉引"之意。为了表示把阳光引过来，所以"暖"字用"爰"字作声符并会意。

"暖"字的本义指"温和，不冷也不热"，如热水瓶称"暖壶"，气候、环境不冷不热称"暖和"，给人以温暖感觉的颜色为"暖色"。暖房、暖气、暖意、暖流、暖袖、采暖、温暖、暖烘烘、暖洋洋、嘘寒问暖、冷暖自知等都是这个意思。

"暖"字由本义引申指"使东西变暖和"，如暖酒、供暖、取暖、暖脚、暖被窝等。

煖 小篆

暖 隶书

暖 楷书

冬天的太阳"暖"洋洋

无锡东门中学杨老师的语文课，上得有声有色，别具一格。他分析课文，讲解词义，不仅注重传授知识，还让同学们在理解课文、掌握词义的基础上，提升自己的思想情操和道德品质。他让同学们畅所欲言，即兴演讲，培养他们的口头表达能力。

这天，杨老师抓住课文中的"暖"字，要同学们围绕"暖"字，讲一个亲身经历的小故事。金一鸣报名，要求第一个演讲，他讲的题目是"冬天的太阳暖洋洋"。

"今年寒假的一天，晚上下了场大雪，外面白茫茫一片。第二天，太阳出来了，银光闪闪。上午，我打开电视，看足球赛现场直播，我爷爷坐在窗口晒太阳。屋里光线太亮，电视看不清，我就将窗帘拉上了，屋里顿时暗下来，电视看得很清楚。爷爷老了，他打了个瞌睡，眼一睁，以为天黑了，自言自语说：'呀，我该上床睡觉了'。说着就爬到床上去了。我暗暗好笑，不一会儿，爷爷就打呼噜了。

"爷爷的呼噜声，使我心中不安。冬天，爷爷最喜欢晒太阳，外面的太阳暖洋洋，怎么能不让爷爷晒晒太阳呢？我想了想就关掉电视，拉开窗帘，对爷爷说：'爷爷，太阳出来啰，到外面晒太阳啊。'

"爷爷奇怪地说：'咦，怎么一会儿就天亮了？'我搀着爷爷，走出门外，跟爷爷一块儿晒太阳。在阳光下，我觉得身上暖和，心里也暖和……"

金一鸣讲完，表示"敬请同学们批评指正"。

同学们交头接耳，但没有人发言。杨老师看着手里的笔记本，似乎并不关心这件事。

这时，美国同学牛皮·唐发言了，他用他那美国腔的普通话说："我认为，金一鸣先生的发言是失败的。"

此言一出，震动全班。牛皮·唐毫不在乎："他的故事是讲他给了他爷爷温暖。他应该知道，这温暖是太阳给的，是'日'——就是上帝给的，有他爷爷一份。他爷爷坐在窗口晒太阳，他要看电视，拉上窗帘，剥夺了他爷爷的权利，他应该感到羞耻，怎么还能说心里暖和呢？"

全班同学，鸦雀无声。杨老师了，听得笑眯眯的，似乎很高兴哩。

一字一世界

老虎以爪搏击人——虐

nüè 虐

甲骨文
金文
小篆
隶书
楷书

古代的"虐"字是个会意字。上面是"虎"字头，表示"老虎"；当中是个倒写的"人"字；下面是个"口"字。三形合一指"老虎在噬咬人"。

小篆的"虐"字略有变动，仍然是会意字。上面是"虎字头"，中间是个"爪"字，右下方是个"人"字。这三个字形综合起来表示"老虎以利爪搏击人"。隶变后的楷书写作"虐"。

以上两种字形都表示"老虎伤人"，有"残害"之意。

"虐"字的本义指"老虎搏噬人"，即咬人、伤人。

"虐"字由本义引申指"残暴、毒辣"。如用不人道的手段待人称"虐待"；用残酷的手段杀害人，也指虐待人而致死称"虐杀"；残暴的政策法令称"虐政"；任意残杀或迫害，肆行暴虐称"肆虐"；凶残狠毒称"酷虐"；凶狠暴虐称"凶虐"；欺凌、虐待称"凌虐"；凶暴残虐，不人道称"暴虐"。

成语"助纣为虐"指帮助纣做暴虐的事情，比喻帮助坏人干坏事。纣，是商代的暴君，"虐"字在这儿指"残暴"。

"虐"和"助纣为虐"

"虐"字指残暴狠毒，如暴虐、助纣为虐。成语"助纣为虐"，指帮助纣做暴虐的事，比喻帮助坏人干坏事。这里的"纣"，指商朝末代的暴君商纣王，"虐"，指残暴无道。

说起这一成语的出典，有段历史故事。故事的出处是《史记·留侯世家》。

故事说的是秦朝末年，沛县泗水亭长刘邦参加起义，他的势力逐渐强大，最后率军攻下了秦朝都城咸阳。

刘邦一进咸阳城，便直奔秦王的宫殿。进得宫殿，只见殿堂巍峨宏伟，宫里的设备金光闪闪，富丽堂皇。财宝堆积如山，宫女貌若天仙……刘邦看得眼花缭乱，便想住在宫里，不再回城外的军营了。

刘邦手下有个大将名叫樊哙，是刘邦的同乡，杀猪出身，为人耿直。他见刘邦赖着不走，生气地问："欲有天下耶？将为富家翁耶？"这话是责问他："你是想得天下呢？还是做个富家翁？"樊哙力劝刘邦，立即派人封闭宫室府库，他应尽快回到大营去。

刘邦的谋士张良，也在一旁劝道："夫秦为无道，故沛公得至此。夫为天下除残贼，宜缟素为资。今始入秦，即其安乐，此所谓助纣为虐。"

张良这话的意思是：正因为秦王残暴无道，所以沛公您才能推翻暴君，才能来到这里。你是位替天下百姓铲除残余势力的人，应该以艰苦朴素来号令天下，而不能像秦王这样穷奢极欲。你今日刚刚将秦王朝推翻，就想享受秦王昨日享受过的骄奢淫逸的生活，这等于是帮坏人干坏事啊。忠言听起来让您不快，但对您打天下大有益处。良药虽然苦口，但能防病治病，望主公听从樊将军所说，返回军营，这儿派人把守，封存宝物，不让一草一木有所丢失……

刘邦听从了樊哙和张良的劝告，当即起身离开王宫，率军撤出咸阳城，移军霸上，继续追击秦王朝的残兵败将。

后人将张良说的"此所谓助纣为虐"紧缩为成语"助纣为虐"，用以比喻帮坏人干坏事。

表示允诺的声音

甲骨文的"诺"字最早是"若"字。它有两个来源，都是象形字。一个字形像用右手择菜状，另一个像一个人跪坐着，双手梳理头发状，表示和顺之意。

金文的字形也是两个形状。一个与甲骨文大致相同，第二个另加义符"口"字，强调顺从应诺。

小篆的字形使其整齐化。人的头发变为草，"人"与"口"变成了"右"，这么一来，就将甲骨文和金文合二为一，并分化出一个"诺"字。隶变后分别写作"若"与"诺"。

小篆的"诺"字是个左右结构的形声兼会意字。左边的"言"字是形符，表示跟言语有关，右边的"若"字是声符，读"ruò"。这两个字形组合在一起，表示"应允、答应"的声音。

古人为什么用"若"字作"诺"字的声符呢？因为最早这两个字是一个意思，分化后，"若"表示相近似，也有"彼此一呼一应"之意。"呼"与"应"意思相近，所以"诺"字以"若"作声符并会意。

"诺"字的本义指"应允的声音"，如形容一味地顺从别人为"唯唯诺诺"。诺诺连声、一呼百诺，都是"应答、应允"的意思。

"诺"字由本义引申指"允许、答应"，如应允别人的话为"诺言"，应许、答应照办某件事称"承诺"，应许、允诺称"许诺"，履行诺言称"践诺"，信守诺言称"然诺"。一诺千金、轻诺寡信等都是这个意思。

"诺"字也作姓氏用。

无心惹出话来——诺

　　南京夫子庙的测字名家胡铁嘴，名气大，人缘好，他有个雅号"和事佬"。这天，家住水西门的谭老二来找他。谭老二脸色铁青，说大石坝街茶叶店老板徐文才害了他。胡铁嘴听他怨恨徐文才，不由心中打了个咯噔，忙问："什么事，气成这样？"

　　谭老二说，上个月，他看中中华门外长干里一家小茶叶店，想盘下来经营。正巧徐文才在场，说店里的小老板人还不错，价格也适当，他便信以为真，交了一笔定金，准备办手续。谁知要正式签约时，小老板的父亲死活不肯卖，小老板躲起来，定金不肯还。

　　胡铁嘴舒了口气："多大的事啊，你想怎样？"谭老二说："我要打官司，告这小老板，连同徐文才一起告……"。胡铁嘴抖抖桌上的布袋说："我来给你测个字，看你有理没理。我以字说事，绝不偏心。"

　　谭老二摸了个"诺"字。胡铁嘴反复看着，自言自语道："这字几年没露面了，怎么被你摸到了？也真巧，跟你眼前的事有关联。讲好的事又反悔，这叫'轻诺寡信'嘛。生意人，应该一诺千金，诚信为上啊。"

　　谭老二赞道："胡大爷，你这话我爱听。说话当放屁，还能在市面上混吗？"

　　胡铁嘴道："这'诺'字从'言'从'若'，指承诺之言，应该做到。不过，这'若'字也有'若干'之意，指若干言语，你不能眉毛胡子一把抓，看成一伙。"

　　谭老二问："此话怎讲？"

　　胡铁嘴道："小老板讲的话是他的承诺，他拿了定金就要按规矩做。他做不到，就要退定金，不退就是诈骗，你可打官司。徐老板呢，他讲的话不能算数，你不能怪罪于他。"

　　谭老二生气地说："他帮徐老板说话的呀！"

　　胡铁嘴提笔写了个"惹"字和"诺"字说："今日我测这'诺'字，不是帮徐老板说话，是这'诺'字在帮他说话啊。他是'无心惹出话来'呀。你看，这'惹'字把下面'心'字去掉，旁边加个'言'字，不就成了'诺'字吗？他无心惹出话来，你抓住人家不放，你这是睡不着觉怪枕头歪，存心敲竹杠啊。"

　　这番话，说得谭老二哑口无言。

交臂跪坐的女子

甲骨文的"女"字是个象形字。字形像一位双臂交叉在胸前，面孔朝左跪坐着的女子形状。金文的字形承接甲骨文。小篆的"女"字使其整齐化，隶变后楷书写作"女"。"女"字的本义指"妇女"。

"女"字作偏旁用，也可单用。以"女"字取义的字都与妇女或美好有关，组字约一百二十多个。

常用的词大家都熟悉，如女孩、女工、女皇、女郎、女权、女神、女生、女声、少女、男女、女士、仙女、修女、善男信女等词。

"女"字由本义引申指"女儿"，如爱女、女婿、次女、母女、孙女、养女、侄女、子女等。

温柔顺从的"女"字

在汉字中，百分之九十以上的是形声字或形声兼会意字，而象形字是极少数。在极少的象形字中，当数"哭"字、"笑"字最为传神。你盯着"哭"字看，就好像一个人两眼泪汪汪地大声哭泣。你注视着"笑"字，只觉得一个人眯着眼睛看着你，且扭着杨柳腰在一边舞蹈、一边欢笑。你仔细端详"女"字，就仿佛看到一个温柔顺从的女子，面孔朝左跪坐着，上身直立，两臂交叉在胸前，显得很安祥。这三个字，从甲骨文到小篆乃至楷书，都没什么变化，都是象形字。

"女"字的甲骨文成跪跽（jì）形状，显出双膝着地，上身挺直的样子，有人认为，这是表明商朝时的妇女处于被奴役的地位，她们属于奴隶。当然，奴隶并不全指女性，也有男性，但女性居多。所以"奴隶"的"奴"字用女字旁。

远古时代，妇女也曾辉煌过。在母系社会里，妇女在氏族社会中居于支配地位，也包括支配男子。不仅中国如此，世界各民族的历史发展过程中，都曾有过这一历史阶段。在汉字中出现的"姬"姓、"姒"姓、"嬴"姓、"姚"姓都用女字旁作姓，这就证明女子在当时处于支配地位。神话传说中的女娲就是盘古开天辟地时期的女神，她不仅创造了人类，还炼五色石补了苍天，带领人类战胜了自然灾害。她被当作天神受人崇拜。

随着父系社会的形成，男子成了家庭与社会的主要劳动力，女子在家庭中的地位大大下降了，她们的主要工作是料理家务、抚养孩子和照顾家中长辈。"女"字的字形，也如实地反映了历史的变更，显示了当时女子所处的社会地位。

也有学者认为，"女"字的字形，虽然是跪着的姿势，但那不等于是地位低下只能跪着。古人当时都是席地而坐，双膝着地，将臀部压在脚后跟上，这便是古人的坐姿。这种坐姿，正反应了妇女在家操持家务的职业特色，正如"男"字上面为"田"，下面为"力"，反映男子以农耕为业，在田里出力一样。因此对"女"字的字型不要作过多的解读，还是把"女"字看成是顺从温柔的形象较为准确。

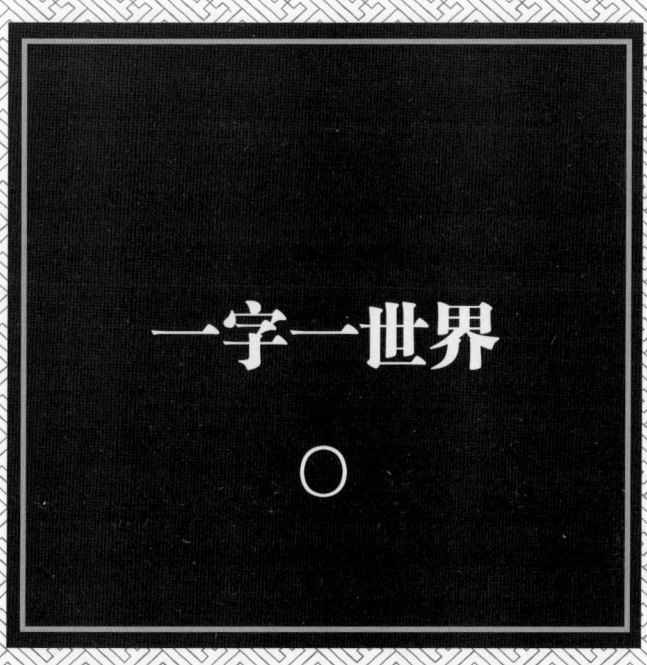

从口中吐出——欧

ōu
欧

金文
小篆
隶书
楷书 欧

甲骨文和小篆的"欧"字，是个左右结构的形声兼会意字。右边的"欠"字是形符。左边的"区"字是声符，读"ōu"。

"欧"字的意思指"从口中吐出"。要从口中吐出什么东西，就必须张开嘴巴。而"欠"有张嘴打哈欠的意思，所以"欧"用"欠"字作形符。又因为"区"字有藏储的意思，而"欧"是将肚子里藏储的东西不能自制地从口中吐出来，所以"欧"字用"区"字作声符并会意。

"欧"字楷书的形体是由小篆演变而来的，写作"歐"。后因"區"字简化为"区"，"歐"字也简化为"欧"。

"欧"字的本义指"吐"。也有人认为是吐气，还有人认为"欧"字的本义为"呕吐"。后来，"欧"字"呕吐"这一本义被"呕"字取代。现在"欧"字主要作姓氏用，既有单姓"欧"，又有复姓"欧阳"。

"欧"字也作音译字用，如欧洲、欧元、东欧、西欧、欧姆、欧洲共同体、欧盟等。

"欧体"，指唐代欧阳询及其子欧阳通所写的字体。

欧大尹追粮

明朝万历年间，江苏太仓有位县令叫欧之成。这人颇有才能，为人也较清廉，所以在当地百姓中口碑较好。

欧之成有位朋友叫赵文龙，在省城当督学。这年秋末，赵文龙来太仓，欧之成在酒楼宴请赵文龙，还请当地几位秀才作陪。酒至半酣，赵文龙说："喝寡酒无味，何不作副对联，以助酒兴？欧兄，你先来上联，如何？"

欧之成说："这有何不可？那我就以酒为题，以赵兄姓氏打头来一句，如何？"

众人凝神静听。

欧之成沉思一番，然后说："有了，'赵先生饮酒，一走便肖'。"

这是个拆字联。欧之成用拆开赵文龙的姓氏来开玩笑。繁体字的"趙"字是由"走"字与"肖"字组合而成的，俗称"走肖赵"。此句以饮酒发端，说酒席散后，各自走去，一走酒力便释散。而"肖"字就有失散的意思，又用来照应"赵"字。前后呼应，顺理成章，十分紧凑。

赵文龙听了，略一沉思，大声说："既如此，那我就来一句'欧大尹追粮，满区全欠'。"

众人听了，无不拍手称妙。当时正是秋收时节，农户正在交皇粮。而对句以追粮取意，说县令辖区内全欠。欠什么？大概指欠粮吧？这就别多究，因为此句的目的是为拆"欧"，而巧用"追粮"从而引出"欠"字。

上下联语言通俗，叙事自然，毫不牵强。此联为人们津津乐道。

能游水的飞鸟——

ōu
鸥

小篆的"鸥"字是个左右结构的形声字兼会意字。右边的"鸟"字是形符,表示跟鸟儿有关。左边的"区"字读"ōu",是"沤"字简省的写法,作声符并会意。

"鸟"字与"沤"字组合在一起,指一种水鸟,它能游水,常随着潮水飞翔。

因是水鸟,属鸟类,所以古人用"鸟"字作"鸥"字的形符。

古人为什么用"沤"字作"鸥"字的声符呢?

因为"沤"字表示将物体长时间地浸泡在水中,本义指"长时间地浸泡"。因长时间浸泡,水面会漂浮不少水泡。这些水泡漂浮在水面上,如同鸥漂浮在水面上,所以古人用"沤"字作"鸥"字的声符并会意。

楷书的字形由小篆演变而来,写作"鷗"。现简化为"鸥"。

"鸥"字的本义指"水鸟一类"。这种鸟头大,嘴扁平,前趾有蹼,翼长而尖,羽毛多为白色,多生活在海边,主要捕食鱼类。"鸥"的种类较多,如海鸥、黑尾鸥、燕鸥、银鸥等。

鷗 小篆

鷗 隶书

鸥 楷书

一"鸥"菜子湖上游

明朝洪武二年，江西吉水鉴湖边有户姓解的人家，出生了个孩子，取名解缙。据说这孩子自幼聪颖绝伦，五岁时，父教之书，应口成诵。七岁能述文，十岁时日诵千言，十二岁时尽读《四书》《五经》。当时有神童之称。

这神童聪明到何种程度呢？当地有不少传说，其中有一则随口答对联的故事尤为精彩。

教解缙读书的私塾先生，常为有这样聪明的学生而自豪。

一天，塾师家来了位朋友，塾师在自家小院的瓜棚下设宴款待。小桌上放着几碟下酒小菜，其中有两碟新上市的蚕豆。师母在厨房炒菜，发觉油快用完了，就让解缙拿了个小瓯去买油。解缙买了一瓯菜油兴冲冲地回来了。塾师对客人说："这孩子就是解缙，出口成章啊。"

客人对解缙"小神童"的名声早有所闻。今日百闻不如一见，就想当面考考他，看究竟神到何种地步。他将解缙喊住，要与他对对子。解缙手捧一瓯油，说："先生请出题。"

客人指指桌上两碟菜："两碟豆。"

解缙举举手上一瓯油："一瓯油。"

客人指指那两碟蚕豆："两碟蚕豆。"

解缙举举手上的瓯油："一瓯菜油。"

客人指指那两碟蚕豆："眼前两碟蚕儿豆。"

解缙举举手上一瓯油："手上一瓯菜子油。"

客人见难不住解缙，就另外出题。正巧，有两只蝴蝶在花间飞舞，客人便对解缙做了个两只蝴蝶相斗的动作说："两蝶斗。"

解缙做了个一只鸥鸟飞翔的动作说："一鸥游。"

客人指指花丛说："花间两蝶斗。"

解缙指指远处说："湖上一鸥游。"

客人指指花丛说："两蝶蚕豆花间斗。"

解缙指指远处说："一鸥菜子湖上游。"

客人听罢，竖起大拇指说道："真神童也！"

仿照人制成的木偶

ǒu
偶

金文

偶
小篆

偶
隶书

偶
楷书

古代的"偶"字是一个左右结构的形声字。左边的"单人旁"是形符，表示与人有关；右边的"禺"是声旁。它的本义是"仿人形制成的木偶"。

虽然"偶"字的本义是"木偶"的意思，但是这和后来用于表演木偶戏的那个"木偶"又不一样。古人把用木或泥土制成的木偶当作实施巫术的工具，后来还用来替代活人作为陪葬品。至于用于表演的木偶，则是兴起于汉代，明清时最为盛行。

"偶"字在古代还表示同伙、同伴、与人共处的意思。如"偶行"，指结伴同行；"偶攻"，指结伙攻击；"偶耕"，指两人并耕。

在文学作品中，"偶"字通常作"对偶"讲，如：偶句、偶对、偶辞、偶俪、偶章等。

在生活中，"偶"字有"匹对、配偶"的意思，如良偶、丧偶、偶成、偶配、偶婚等。

"偶"字还有"偶尔、偶然"的意思，如偶遇、偶见等。

"偶像"是指一种为人所崇拜、供奉的雕塑品，比喻人心目中具有某种神秘力量的象征物，或者是一种不加批判而盲目崇拜的对象，特指一种传统的信仰或理想。

心理医生说"偶"字

现在有些少男少女把一些歌星、影星当成心中的偶像,对他们的崇拜已到了疯狂的程度。黄总的宝贝女儿黄娜就是这样。

有位歌星,是黄娜心中的偶像。她房间的墙上,贴满了他的照片。他的演唱会,不论在哪儿,她都赶去捧场。这不,偶像又在上海开演唱会了,她连夜坐车去了。为了买到偶像的一张专辑,她排了三个小时队。为了得到他的签名,她拉住他的衣角不放,但被人推开了。后来,她守候在他下榻宾馆的停车场,昏昏欲睡。这时,她听到偶像关上车门,一边跟一个女子说道:"一个疯丫头,死命拉我衣角,我恨不得一脚踢死她……"

黄娜听到此话,顿时昏倒在地。爸爸将她接回家,黄娜反反复复说着一句话:"他怎么会说这种话呢?他怎么会说这种话呢?"

父母请来一位心理医生跟黄娜谈心。黄娜向心理医生诉苦:"他是我心中的偶像,怎能这样对待我!"

心理医生笑笑:"偶像也是人,人也有好人坏人嘛。"说罢,在白纸上写了个单人旁,又在旁边加了个"禺"字说:"'禺'字是一种猴子,它披上人的衣服,做出人的样子,就成你的偶像了,这多可笑呀!他只不过会唱歌儿,就像你妈妈会烧菜一样,有什么了不起呢?他说粗话不文明,还不如你懂礼貌呢,你凭什么要崇拜他?"他把单人旁去掉,在"禺"字下加了个"心"字,说:"你这样痴心,就是愚蠢呀!"说到这儿,他又把"心"字涂掉,换上单人旁说:"这事你要把它从心中抹去,偶尔失误,这也没关系。记住我一句话,偶像,只是木头人儿,看看玩玩可以,但切莫当真。"

这样一说,黄娜心里好像舒服些了。

荷莲的地下茎——藕

ǒu
藕

古代的"藕"字,是个上下结构的形声字兼会意字。上面的"草字头"为形符,表示跟花草植物有关,下面的"耦"字是声符,读"ǒu"。这两个字形组合在一起,指"荷花由水而深入到淤泥中的根"。因水面的荷花属花类,所以"藕"字以草字头为形符。

古人为什么用"耦"字作"藕"的声符呢?

古代的"耦"字,指的是当时的一种耕作方法。由两人并肩耕地,把这称之为"耦耕",耕的地宽度为一尺,后来引申指"成双成对",这个字就写作"偶",所以"耦"与"偶"通用。正因为"耦"有成双成对的意思,而"藕"都是一节、一叶、一花,花与叶成对,所以"藕"字用"耦"字作声符并会意。

"藕"字的本义指"莲藕"。"藕"是莲的地下茎,白色,长形,肥大有节,中间长着很多管状小孔,折断后有丝相连,可当水果吃,也可作蔬菜食用。

用藕制作成的粉,用于烹调,也可用开水冲成糊状食用,这便是"藕粉"。

浅紫而微红的颜色称"藕荷",也作"藕合"。

浅灰而微红的颜色称"藕灰",也称"藕色"。

"藕断丝连"比喻表面上好像已经断了关系,实际上仍然挂牵着,这多指爱情上的关系。

"藕"也作姓氏用。

藕 小篆

藕 隶书

藕 楷书

因荷而得藕

民国年间，无锡小楼巷杨家出了个才子，名叫杨栋梁。杨栋梁青春年少，刻苦好学，学识渊博，长得一表人才，锡城几个大户人家凡有千金待字闺中的，都想招他为婿。西门薛家，托人撮合，以文人雅聚的名义，邀杨栋梁到家做客。薛先生想借此机会，考考他的文才，也让女儿看看他的风采。

聚会这天，无锡城有点儿名气的书画家及文人雅士都来了，众人坐在大客厅里品茗聊天。

薛先生看到桌上摆放的水果糕点中，有刚上市的时鲜藕，切成一片片放盘子里，不由计上心来，便指指藕片，对杨栋梁笑笑，吟道："因荷（何）而得藕（偶）？"

杨栋梁一听，知道薛先生在考问自己。这上联颇有深意，表面上是在说，因为有荷花而得到藕，实际上借谐音在问，因何而能得到佳偶？这是个疑问句，后面有个问号哩。

杨栋梁才思敏捷。他见桌上果盘中有杏子、杨梅、水蜜桃等水果，略一沉思，答道："有杏（幸）不须梅（媒）。"

他这下联答得对仗工整，天衣无缝，而且情深意切，落落大方。何以见得？他也是借谐音，巧妙地表达了自己的心声。表面上说，有了杏子，就不须再要梅子了，因为这两种水果都是酸甜的。而实质上呢，他在告诉薛先生：我是十分有幸，被你薛家看中，那就用不着媒人来撮合啦。

一字一世界

P

心里恬淡无为——怕

pà
怕

小篆的"怕"字，是个左右结构的形声字兼会意字。左边的竖心旁表示"心"，指与人的心理活动有关。右边的"白"字读"bái"，作声符并会意。

"心"与"白"组合在一起，指心里恬淡无为。所谓"恬淡无为"，就是指心里安静、舒适，不为外界所动。因这些都是人的内心活动，所以"怕"字用竖心旁作形符。

古人为什么用"白"字作"怕"字的声符呢？

因为"白"字有"单纯高洁"之义，而"怕"的可贵之处就在"高洁"。这些人往往对道德、行为准则存敬畏之心，因高洁就不敢做什么损害他人之事，不做可恶可恨之事，因而心里淡定舒适，颇有"为人不干亏心事，不怕半夜鬼敲门"的意味，所以"怕"字用"白"字作声符并会意。

也有专家考证，"怕"字的本义指"恬淡无为"，所谓"恬""tián"就是安静、舒适，引申指"淡泊"，不为所动，这"怕"字就是"淡泊"的"泊"字的本字，是最早的"怕"字。后来"怕"字借用为"害怕"之义，古人才又造了个"泊"字表示"淡泊"。正因为此，古人才用"白"字作"怕"字的声符并会意。

楷书的字形由小篆演变而来，写作"怕"。

"怕"字的本义指"恬淡"，后来由本义引申指"畏惧、害怕"，如惧怕、后怕、怕事、可怕、欺软怕硬、拈轻怕重、怕羞等。

"怕"字由"害怕"之义，引申指表示"疑虑或猜想"，如恐怕、生怕、哪怕、只怕等。

怕 小篆

怕 隶书

怕 楷书

人人"怕"死人人死

这"怕"字是"淡泊"的"泊"字的本字,后来才借用作为"害怕"之义的。

有人说,这"怕"字之所以用"白"字作声符,是指人心里害怕得要命,脸都吓白了。此说虽有点夸张,想象成分也多了点,但细细推论,也不无道理。

有什么事能吓得人脸色发白呢?人生可怕的事难以预料,数不胜数,但有一点恐怕是公认的,那便是死亡。人人怕死,但谁都会面对死亡。这里讲个"怕"字与"死"字之间的对联故事。

民国年间,苏北盐城有位前清留下的老秀才。老秀才识字多,有才学,一辈子以教私塾为生。家里人口多,靠他的薪金难以养家糊口,长期借债过日子。每到年关,债主接踵而至,他东躲西藏,愁苦难忍。除夕之夜,他为躲债,钻进一富户人家柴垛里过夜。待鞭炮声过后,万籁俱寂,他躺在柴堆中悲感交集,吟成一联:

年难过,难过年,年年难过年年过。

上联完成,文思枯竭,续不出下联。他正迷迷糊糊,昏昏欲睡时,这富户人家窗口传来一阵阵哭泣声,原来是老财主因病去世了。他虽有万贯家财,但身染重病,虽北上京城,南往上海,不知请了多少名医,也不知花了多少银两,但最终还是去世了。

老秀才跟这老富翁是发小,童年常在一起,近日还有来往,没料想在这大年夜就阴阳两隔,从此诀别了,颇有兔死狐悲之感。他一夜未眠,终于吟成下联:

人怕死,怕死人,人人怕死人人死。

"人怕死"这是句实话,有谁不怕死呢?"怕死人",指人怕死的程度,只能用"怕死人"三字表明,就是我们平日所说的"吓死人"。人人都怕死,但人人都会因老去而寿终,这是无奈的结局,这是大自然的规律,概莫能外。

pān
潘

金文
小篆
潘 隶书
潘 楷书

淘米水——潘

古代的"潘"字是个左右结构的形声字兼会意字。左边是"氵",表明这个字与水有关,右边是"番",有"轮番"之义。淘米时轮番换水,故以此为音符兼会意。

"潘"的本义是指"淘米水"。

"潘"现在主要作姓氏用。

有水有田又有米——潘

关于"潘"字,有一段"有水有田又有米"的民间传说。

从前,苏北有位王老汉。一次,邻居托他给年过二十的女儿介绍对象,王老汉问有什么条件。邻居说:"农村没什么要求,只要有田有水塘,能吃饱饭就行了。"王老汉想到有个亲戚的儿子正在找对象,于是满口答应下来。

几天后,王老汉便把亲戚的儿子带来了,邻居一边热情招呼,一边问小伙子的姓氏。

小伙子回答姓潘。邻居又询问起家里的情况,结果小伙子说,家里除了二亩荒地,别的什么也没有。

邻居一听,立马急了,要王老汉说说是怎么回事。王老汉不慌不忙地说:"你不是说有田有水塘,能吃饱饭就行了吗?这'潘'字拆开不但有水有田有米,而且上面还多一撇呢!"

抓住东西往上攀

pān 攀

古代的"攀"字,是个上下结构的形声字兼会意字。下面的"手"字是形符,表示跟手的动作有关。上面的"樊"字是声符,读作"fán"。两形合一,表示用手抓住一样东西向上爬。

古人为什么用"樊"字作声符呢?这就要研究一下"樊"字了。

金文的"樊"字是个形声字兼会意字。上半部分像两木中间枝条交叉的篱笆。下面像两只手,后来演变成"大"字。"樊"字的本义指"用手编排篱笆",用在"攀"字中,即表示篱笆。与"手"组合在一起,就是两手抓住篱笆向上爬。也有人认为,"樊"字有负重难行的意思。人在向上爬的时候,有如负重难行,所以"攀"字以"樊"字作声符并会意。

"攀"字的本义指"抓住东西向上爬",如攀登、攀树、攀岩、攀越等。

因为攀援必须拉着某样东西,所以又引申为"引、拉"的意思,如攀着肩膀、攀缘等。

"攀"字又引申指"跟地位高的人拉关系、结亲戚",如高攀、攀龙附凤、攀高枝儿等。

"攀"字也作姓氏用。

金文 / 小篆 / 攀 隶书 / 攀 楷书

《草书韵会》

明·宋克

李时珍说"攀"字

　　明代伟大的医药学家李时珍,是湖北蕲州人,祖上世代行医。他十四岁就考中秀才,但他无心去考举人,当状元。他继承祖业,研究医药。为了拯救千百万人的生命,他决心修订《本草》这部医书。为了获得第一手资料,他不畏艰险,深入山林,攀登悬崖,采集草药,回来再做研究。他去得最多的地方,就是武当山。

　　这天,李时珍带着新收的徒弟李盼儿又进山了。这李盼儿是他远房侄儿。父母为他取名盼儿,是盼望他将来能干出一番事业来。

　　师徒二人攀上一座山峰,坐在山泉边,就着泉水吃干粮,尝野果。盼儿累得躺在草地上不吭声。李时珍知道,这小家伙怕苦又怕累,想必是心中不快,要回家了。

　　李时珍为了让小侄儿开心点儿,就乐呵呵地说:"盼儿,今日翻山越岭,攀岩爬坡,你累了,我出个字谜给你猜猜,可好?"

　　盼儿一听,来劲了,说:"我识不少字哩,你难不倒我。"

　　李时珍一字一句地说:"左边右边全是树,当中一个麻雀窝。大哥掏雀叉开腿,小弟伸手向上摸!"

　　盼儿想了半天也没猜出来。李时珍用树枝在地上写了个"攀"字,一一解释道:"这是个'攀'字,你看像不像?"

　　盼儿看了,说:"像哩!"

　　李时珍说:"咱们的手可不是掏麻雀窝的,是要采药哩。回去跟你爹说,就是大伯讲的,光用眼睛'盼'不行,得用手去'攀'才能干出一番事业来。你把名字改成李攀吧!"

　　从此,李盼儿就改名为"李攀"了。

敞口浅圆形器皿——盘

小篆的"盘"字写作"盤",是个上下结构的形声字兼会意字。下面的"皿"字读"mǐn",表示跟盛东西的器皿有关,作形符。"盤"字上面的"般"字读"bān",作声符并会意。

"般"字与"皿"字组合,指一种敞口扁浅圆形的盛东西的器皿。因是指盛东西的器皿,所以古人用"皿"字作"盘"字的形符。

古人为什么用"般"字作"盤"字的声符呢?

古代的"般"字是个会意字,本义为"旋转制盘子使之成型",就像现在用陶土旋转制陶器一样。"般"字由本义引申指"旋转"。而旋转都是成圆形,这与敞口扁浅的圆形器皿是一致的,所以古人用"般"字作"盤"字的声符并会意。

楷书的字形由小篆直接变来,写作"盤",后简化为"盘"。

"盘"字的本义指"一种敞口扁浅圆形的器皿",如托盘、盘子、拼盘、全盘、通盘、花盘等。"盘"字由本义引申指"像盘子一样的东西",如:键盘、绞盘、地盘、脸盘、磨盘、棋盘、算盘、胎盘、转盘、方向盘等。"盘"字由本义假借指"回绕",如:盘费、盘桓(huán)、盘踞、盘腿、盘亘(gèn)、盘旋、盘运等。由上义引申指"仔细核对、查问",如:盘查、盘存、盘缠(chán)、盘点、盘货、盘算、盘问、盘账等。又假借指"市场买卖的行情",如开盘、收盘、放盘、出盘等。还假借指"砌垒",如盘炕、盘灶等。

"盘"字也作量词用,如一盘凉菜。

"盘"和"虎踞龙盘"

"盘"字的义项很多，组词也较多。它本指古代一种盥洗用具，也指茶具，如盘子。作动词用时，指回旋地绕，如树上盘着一条蛇。

成语"虎踞龙盘"，生动形象地概括了南京城雄伟的地势——西边像一只猛虎踞坐着，东边像一条巨龙盘伏着。

说起这一成语的出典，有段历史故事。

南京号称"六朝古都"。这六朝是：三国时的东吴、东晋和南朝时的宋、齐、梁、陈。前后共六个朝代的国都都设在这儿。南京古称"金陵"，又称"建业"和"建康"。这是因改朝换代而变化的。

宋代有位学者名叫张敦颐，他经数年实地勘察，多方考证，编写了一本《六朝事迹编类》，对金陵的古迹、城楼及山势河流、街道等都分门别类地作了考证和记叙，其中还引述了三国时代蜀国丞相诸葛亮和吴国君王孙权的一段对话。诸葛亮在论说金陵地势时说过"钟阜龙蟠，石城虎踞"这八个字。

南京的东郊有座"紫金山"，又名"钟阜"，也称"钟山"。这钟山风峦起伏，绵延弯曲，象一条巨龙似的盘伏在大地上。西边是石头城。南京除了"金陵""建康"等名称外，还有个别名叫"石城"或"石头城"。古时南京西边也紧靠在长江边，这石头城巍然屹立着，像一只威武的老虎蹲坐在江边。

古人在形容地势时的传统说法是"左青龙，右白虎"，所以把东边的钟山比作龙，把西边的石城比作虎。这也符合左东右西的习俗。

后人将诸葛亮说的"钟阜龙蟠，石城虎踞"这八个字，紧缩为成语"虎踞龙盘"，这四个字把南京地势的雄伟壮丽更精辟地表现了出来。现在人们也用这四个字作为南京的代称。

诸葛亮原先说的是"虎踞龙蟠"，最末的"蟠"字读"pán"，与"盘"同音同义，也是指"盘曲"。在诸葛亮之后，人们大都将"蟠"字改写为"盘"字了。

从己方分离出去——叛

pàn
叛

小篆的"叛"字是个左右结构的形声字兼会意字。右边的"反"字作形符，表示跟背离、分离有关。"叛"字左边的"半"字读"bàn"，作声符并会意。"半"字与"反"字组合，指从自己一方分离出来。

因是原本属自己的一方，现在分离出去，所以这跟反转、背离、分离有关。甲骨文的"反"字是会意字，从"又"表示手；从"厂"表示山崖，表示以手推转山石之意。隶变后的楷书写作"反"，其本义指"翻转"。所以古人用"反"字作"叛"字的形符，用以突出背离、分离之意。

古人为什么用"半"字作"叛"字的声符呢？

金文和小篆的"半"字是会意字，由"八"字和"牛"字组成。"八"字表示"一剖为二，分为两半"。"半"字的本义指"将牛从当中分开各为一半"。由此可见，半字有"使物分离"之意，所以古人用"半"字作"叛"字的声符并会意。

楷书的字形由小篆演变而来，写作"叛"。

"叛"字的本义指"背离"。如背叛自己的一方投到敌对一方去称"背叛"；叛变、背离也称"叛离"；背叛作乱也称"叛乱"；背叛出卖称"叛卖"；背叛和有背叛行为的人称"叛逆"，也称"叛徒"；背叛、叛变也称"反叛"，也指叛变的人。

"离经叛道"指违背了儒家经书上所讲的传统、规范。泛指背离正统的言论和行动。

"众叛亲离"指众人背叛、亲信离开。形容不得人心，陷入完全孤立的境地。

"叛"和"众叛亲离"

"叛"指背叛，如：反叛、众叛亲离。成语"众叛亲离"，指众人反对，亲信背离，形容十分孤立。

这句成语，出自《左传·隐公四年》。

距今两千七百多年前的春秋时期，大大小小的诸侯国有八百多个。各个诸侯国之间争斗不息，打着各种旗号，去进攻别的国家，其中有联合、有纷争，目的只有一个：侵占别的国家领土或利益，扩大自己的地盘和势力。所以说，"春秋无义战"。在春秋时期发生的大大小小的战争，都不是什么正义之战。

对各个诸侯国自身来说，也是刀光剑影，争斗不息。儿子杀父，篡夺王位，兄弟相残，宫廷政变。这类闹剧、惨剧数不胜数，难以计数。

公元前719年，卫国公子州吁，与他的心腹石厚合谋，杀死了他同父异母的哥哥卫桓公，夺取了王位。他成为春秋时期第一位弑君篡位成功的公子。篡位后，他为了转移国人的视线，联合宋国、陈国、蔡国等攻打郑国。

鲁国国君鲁隐公听说州吁杀兄篡位的消息，又听说他发兵攻打郑国的事，便问鲁国大夫众仲："根据眼前情况分析，你看州吁这次出兵攻打郑国能够得胜吗？"

众仲说："州吁杀兄篡位，本已不得人心。现在又依仗武力征战不休，更加失去民心。他一篡位，便滥施酷刑，所以没人愿意跟随他。百姓反对，亲信背离，他要想靠征战手段来巩固自己的地位，恐怕是要落空的。他不会受到卫国人拥护的。"

果如众仲所预料，州吁三月杀兄篡位，九月卫国老臣石碏（què），也就是州吁的帮凶石厚的父亲，他联合陈国国君陈桓公杀死州吁，拥立卫桓公的弟弟公子晋继位，这就是卫宣公。州吁只匆匆过了六个月的国君瘾。

后人依据州吁篡位的事例，将众仲所作的评说概括为成语"众叛亲离"流传下来，形容众人背叛，亲信离开，不得人心，陷入完全孤立的境地。

高大的房屋——庞

páng
庞

甲骨文

小篆

隶书

楷书

  小篆的"庞"字是个左上包围结构的形声字兼会意字。左上方的"广"字作形符，表示跟高大宽敞的房屋有关。"庞"字右下方的"龙"字读"lóng"，作声符并会意。"龙"字与"广"字组合，指"高大的房屋"。

  甲骨文的"广"字是个象形字，字形像山崖下有房子的形状。本义指"借助山崖建造的有前墙宽敞的牲口棚之类"，后来引申指"宽大的厅堂及高大的屋子"。因"庞"字有高大房屋之义，所以古人用"广"字作"庞"字的形符。

  古人为什么用"龙"字作"庞"字的声符呢？

  "龙"是传说中的能腾云驾雾的神物，身子能长能短，能巨能细，是天空闪电神化的形象。人们心目中的"龙"，其体形是无比巨大的，这与高大的房屋是一致的，所以古人用"龙"字作"庞"字的声符并会意。

  楷书的字形由小篆直接变来，写作"龐"，后简化为"庞"。"庞"字的本义指"高大的房屋"。由本义引申指"大"。如形体或组织数量等都很大，但过大或大而无当者称"庞大"；外表庞大的东西称"庞然大物"。

  "庞"字由"大"引申指"多而杂乱"。机构或文字内容等杂乱称"庞杂"。"庞"字假借指"脸盘儿"，称为"面庞"。

  "庞"字也作姓氏用。

姓"庞"和螃蟹的关系

"庞"字与小动物"螃蟹"的"螃"读音相同，但在词义上毫无联系，有心人却硬将两者扯在一起，闹成个啼笑皆非又荒唐透顶的笑话。

却说苏北阜宁县有个乡镇，镇政府新盖了座办公楼，四周有高高的围墙。这座办公楼大门朝南，面对大路；北边有条小河；东面是麦田和一条小路。本来大门朝南，又面临大道，人员来往十分方便，可时任镇长嫌大路来往车辆多，灰尘多，太吵闹，就指示施工单位把大门开在东边，大门朝东，要从大路绕道进来，员工们进出很不方便，但这是镇长的决定，谁也不敢反对，只得如此。

过了一年，这镇长调离了，新来的镇长一上任就皱眉头：怎能将大门开在东边呢？这不是旁门左道吗？他指示办公室吴主任将大门开在北面，朝着那条小河，还动用一笔资金，造座小石桥，挺秀美的，颇有江南小桥流水的格调。这么一改，办公人员可享受过小石桥的美感，可实在不方便啊，但这是新镇长的决定，谁敢反对呢？只好如此。

又过了一年，这位镇长调走了，又来了位新镇长。他一到任就生气地说："怎能将镇政府大门朝北呢？哪有房屋不是门朝南啊，这不是强迫大家走后门么？"他当即责令办公室吴主任："快把大门移到南边来，正对大路，进出方便，堂堂正正！"

大家为此拍手称庆，赞美新镇长英明正确。

有一天，办公室吴主任在酒席上喝高了，醉醺醺地向几位部下露了底：第一位镇长姓牛，所以把大门开在东面朝着麦田的方向，牛儿得草，吉祥如意嘛。第二位镇长姓庞，"庞"跟"螃"同音啊，"螃"不就是螃蟹嘛，螃蟹离不开水啊，所以庞镇长要将大门移到北面，对着小河的方向。这第三位镇长姓马，他年轻气盛，要干出一番事业，想一马当先，马到成功，他当然要将门朝南沿着大路前进喽……

吴主任一番醉话竟使大家清醒了。不久，有位善舞文弄墨的文书，将此事写成通讯稿寄往报社，报社编辑以为是笑话故事，略加修改，在副刊栏目里发表了。当地人一看，便知是家门口的事儿。

祭祀用的半边肉——胖

pàng
胖

古代的"胖"字,是个左右结构的形声兼会意字。左边的"月肉旁",作形符,表示与肉有关。右边的"半"字作声符,兼表意。

古代的"半"字,是由"八"和"牛"的简省字形组合而成的。"八"字两笔向两边分开,是分的意思。分什么?分牛,即把牛分成两半。在"胖"字中,"半"与"肉"组合,就是半边牛肉(当然也可指别的牲口的肉),其本义指"古代祭祀时用的半边牲口肉"。

半边牲口肉,是一块很大的肉,所以"胖"引申为"大、舒坦",如心宽体胖。这时的"胖"读"pán"。

"胖",主要用于指人体脂肪多、肉多,如肥胖。肥胖的人被称为"胖子"。与此相关的有矮胖、发胖、虚胖、胖娃娃、胖乎乎等。

"胖大海",指一种落叶乔木的种子,浸在水中,即膨大呈海绵状,可入药。

"胖头鱼",指一种头部肥大的鱼。

胖 金文
胖 小篆
胖 隶书
胖 楷书

[瓦当欣赏]

战国画像瓦当

哑谜说"胖"字

新春佳节，出版社全体员工在凤凰台饭店吃年夜饭，酒足饭饱后，大家拥到歌舞厅开联欢晚会。

晚会的主持人由办公室主任老夏担任。老夏刚进入中年，已经胖得大腹便便，浑身是肉了。用他自己的话说，"长得很困难"。

老夏为人风趣，社里大大小小的，都可跟他开玩笑。这天，他上台致开幕词，说完几句祝福话，刚要下台，不料文学室的调皮鬼小刘，一步跳上台，拉住夏主任，大声说："夏胖子，你慢走，站在这儿，配合我表演一个节目。"

大家拍手叫好。老夏呆呆地站着，不知小刘搞什么名堂。只见小刘从老夏的右边向左边看看，然后举起一只手，一反一复再一反。做完这些动作，他又转到老夏的左边，然后向右边看看，接着伸出四个手指，又伸出一个巴掌。做完这些动作，他补充道："这是个哑谜，猜一个字。谁猜出来，我奖香烟一包。"

他这一说，台下顿时喧闹起来，人们叽叽喳喳，七嘴八舌，可就是没人敢上台接招。

忽地，校对室的小马跳上台，接过话筒，大声说："这是夏胖子的'胖'字。"说罢，他模仿小刘的动作，说："这儿站着个胖子，我从右向左看，是半月，正好十五天。我再从左边向右看，是月半，正好四十五天。"

小刘点头称是。他早已看到在老夏上衣口袋里有一包香烟，他手指一夹，"唰"地一声掏出来，递给小马说："喏，奖品！"

这时，台下响起一片掌声。

手用力扔出东西——抛

pāo
抛

　　小篆的"抛"字是个左右结构的形声字兼会意字。左边的"提手旁"作形符，表示跟手有关。"抛"字的右边是"尥"字，读"pāo"，作声符并会意。

　　"手"与"尥"字组合，指"用手使劲将东西扔得远远的"。因是指用手将东西扔向远处，与手的动作有关，所以古人用"提手旁"作"抛"字的形符。

　　古人为什么用"尥"字作"抛"字的声符呢？

　　小篆的"尥"字也是个左右结构的形声字兼会意字。左边的"九"字作形符，表示用手揪住之意。右边的"力"字作声符。这两个字形组合，指用力将东西掷向地下之意。隶变的楷书写作"尥"，本义指"扔掉、丢弃"。也有人认为此字应读"lì"。根据这样的分析，"尥"字应是"抛"字的本字，是最早的"抛"字，所以"尥"字理所当然地成了"抛"字的声符了。

　　楷书的字形由小篆演变而来，写作"抛"。

　　"抛"字的本义指"扔"或"投掷"，如抛物线、抛球、抛砖引玉等。"抛"字由本义引申指"丢下、扔掉"，如抛弃、抛锚、抛荒、抛头颅洒热血、抛头露面等。抛字由"扔掉、丢掉"引申指"为争夺市场牟取利益而压价出售商品"，这就叫"抛售"，如抛售股票。

抛 小篆

抛 隶书

抛 楷书

"抛"和"抛砖引玉"

"抛"字作动词用，指投，也表示掷，如抛砖引玉。成语"抛砖引玉"，指抛出砖引回来玉，比喻自己先发表粗浅的、不成熟的意见或文章，引出别人的高见或佳作。

说起这一成语的出典，有段文坛佳话。

唐诗是中国文学之瑰宝。清代学者编的《全唐诗》共收入诗歌近五千余首，诗人达两千二百多人，可见唐诗创作繁荣之盛，所以有人感慨："没有唐诗宋词，那还叫中国吗？"

在数千唐代诗人中，有个人名叫赵嘏（gǔ）。此人颇有诗名，特别是"长笛一声人倚楼"这一佳句获得诗坛一片赞美声，大诗人杜牧给予很高的评价，因此赵嘏一举成名，人称"赵倚楼"。

与赵嘏同时代有位诗人名叫常建，家住苏州。他对赵嘏的诗才很敬仰。一年春日，他听说赵嘏将到苏州游览，觉得这是个向他学习的好机会。为让赵嘏能留下诗篇，他心生一计：他料定赵嘏游苏州必游灵岩寺。于是他赶到灵岩寺，先在寺庙的白墙上写了两句诗，等赵嘏来此游览时，看到墙上只有半段诗，说不定会添上两句，那便是一首完整的诗了。

一切果如常建所料，赵嘏走到这儿，看到这半首诗，不觉技痒，向陪同的住持大和尚讨来笔墨，续了下半首。一般来说，诗的高潮在末两句，最出彩的在末句。就这样，常建用自己那平淡一般的两句诗，换来赵嘏续成的很精彩的一首诗。

灵岩寺的住持大和尚，也善写诗，他是这件事的亲历者，他将此事讲给诗友们听，还说了句："常建所为，可谓抛砖引玉啊。"

后人将"抛砖引玉"四个字作成语流传下来，以此比喻先发表粗浅的一般性的意见，或写些简陋的文字，目的在于引出别人的佳作或高论。这是一种自谦的说法，如今也不仅仅用在书面文字上，凡开会发言或酒席饭桌闲谈，也常用这句话作开头，以示谦虚，使这成语成了常用语了。

总管厨房的厨师——庖

páo
庖

庖 小篆

庖 隶书

庖 楷书

小篆的"庖"字是个左上包围结构的形声字兼会意字。左上方的"广"字指房屋，作形符，表示跟房屋有关。"庖"字右下方是"包"字，读"bāo"，作声符并会意。

"广"字与"包"字组合，指烧火做饭的厨房。因是指厨房，这跟房屋有关，所以古人用"广"字作"庖"字的形符。

古人为什么用"包"字做"庖"字的声符呢？

甲骨文的"包"字是个形声字兼会意字，表示"胎胞"，是"胞"字的本字，是最早的"胞"字。"包"字后来引申指"包东西"，如包装。也指"装东西的袋子"，如手提包。包里能放各种东西，含有样样在内、无所不包之义，这样"包"字又有"包揽""包办"之义。厨房里的杂事很多，负责厨房事务的人中总要有个总负责的人，这人包揽厨房事务，他就是"庖厨"，也称"庖丁"。所以古人用"包"字作"庖"字的声符并会意。

楷书的字形由小篆演变而来，写作"庖"。

"庖"字的本义指"厨房"。"庖"字由"厨房"引申指烧饭做菜的厨师，这就是"庖厨"，也指有名的厨师，如良庖、代庖、庖人、庖代、庖丁等。

成语"庖丁解牛"出自先秦的《庄子》。书中的"庖"字指厨师，"丁"是他的名。庖丁解剖牛时动作快速熟练，令人叫绝，以此比喻经过反复实践，掌握了事物的客观规律，做事得心应手，运用自如。

成语"越俎（zǔ）代庖"，出自《庄子》，指厨子不做饭，掌管祭祀神主的人不能越过自己的职守，放下祭器去代替厨子做饭。一般用来比喻超过自己的职务范围，去处理别人所管的事。

"庖"与"庖丁解牛"

"庖"字现在已不多用,但有两个成语都与"庖"字有关,一曰"越俎代庖",二曰"庖丁解牛"。

"越俎代庖"指古代祭祀的人放下祭品,去代理厨师炒菜做饭,以此比喻超越职权范围去做别人所管的事。

"庖丁解牛"是《庄子》一书中的名篇。庄子名周,是战国时期的宋国人,是著名的思想家、杰出的文学家,也是道家的主要继承人,与老子并称为"老庄"。他的散文语言生动形象,往往借助神话寓言作比喻,阐述高深的哲学道理。

"庖丁解牛"的原文是这样的:

【庖丁为文惠君解牛,手之所触,肩之所倚,足之所履,膝之所踦,砉然向然,奏刀騞然,莫不中音;合于《桑林》之舞,乃中《经首》之会。】

这里说的"庖丁",指一位姓丁的厨师。"文惠君"指梁惠王。"解",指肢解、分割一头牛。"砉"字读"huā","砉然向然"指牛的皮肉剥离时发出的响声。"騞"字读"huō",指庖丁在宰牛时用刀发出的声音。"中音",指合乎音乐的节奏。《桑林》与《经首》都是古代乐曲名称。这段文字,详细生动地描述了庖丁解牛的动作神态及发出的响声。庖丁刀尖所碰到的地方,他肩所靠着的地方,膝所顶着的地方,脚所踩着的地方,牛的皮骨相脱的地方都写到了。庖丁的刀只要轻轻一挑,牛骨就"哗啦"一下分离了,在解牛的过程中,他动作之娴熟,神态之潇洒,姿势之优美,声音之悦耳,让人看了,简直像是在舞蹈。

庖丁解牛,之所以能如此利索,是因为他对牛的生理结构烂熟于心。数十年来,他已宰了上千头牛,掌握了丰富的实践经验,这就是熟能生巧。这则故事启示人们,不管你从事什么工作,进行什么活动,都应该掌握那项工作的规律。而要掌握这些规律,又必须反复实践,只有在多看、多练、多做的反复实践中,才能掌握规律,达到得心应手,出神入化的地步。

中式的长衫——袍

páo
袍

小篆的"袍"字是个左右结构的形声字兼会意字。左边的"衣字旁"作形符，表示跟穿的衣服有关。"袍"字右边的"包"字读"bāo"，作声符并会意。

"包"字与"衣"字组合，指中式的长衫。因指的是中式长衫，长衫属衣服的一种式样，这跟衣字有关，所以古人用"衣"字作"袍"字的形符。

古人为什么用"包"字作"袍"字的声符呢？

"包"字在甲骨文中是个形声字兼会意字，本义指"胎胞"，即孩子生下来时的胎衣。"包"字是"胞"字的本字，是最早的"胞"字。后来引申指"把东西包裹起来"，也指"装东西的袋子"。另外还含有包含之内的意思。就"包"字的这几个义项，似乎都与长衫有关。长衫是穿在身上的长长的袍子，几乎从脖子起一直到脚面，人除了头部几乎都在长衫所包裹的范围之内，这就如同胎胞将婴儿包裹起来一样。人的上身和下身都在长衫之内，这就更有包含、包裹的意思了。所以古人用"包"字作"袍"字的声符并会意。

楷书的字形由小篆演变而来，写作"袍"。

"袍"字的本义指"中式长衫"。如男子穿的中式长衫称"长袍"，也叫"袍子"；道士穿的袍子称"道袍"；原为满族妇女所穿的一种长袍，现为一般妇女穿的称"旗袍"；明朝和清朝时大臣所穿的绣有金色蟒图案的礼服称"蟒袍"；绣着龙图案的称"龙袍"，这只有皇帝才能穿。还有棉袍、罩袍、战袍等。

袍 小篆
袍 隶书
袍 楷书

"袍泽"和"同胞"及"朋友"

有个词叫"袍泽",这是个书面用语。"袍"和"泽"都是古代衣服的名称,后来把军队中的战友同事称为"袍泽",如"袍泽之谊""袍泽故旧"。清朝末年,四川一带有个地下帮会组织叫"袍哥",这些人就是穿着"袍"这种同样服饰的民间组织。有些人往往以为"袍泽""同胞"就是自己人,是"知己""朋友"。其实,这里大有区别,不可混为一谈。

我们先从"衣裳"谈起。人们穿的上衣为"衣",下面穿的为"裳",指古人遮蔽下体的衣裙,男女都穿,是裙子的一种,不是有裤脚的裤子。

"泽"字跟古代的"襗"字通用。"襗"就是人们穿的贴身内衣。"袍泽"本来的意思指外衣和内衣的统称。这个词,最早出现在《诗经·秦风·无衣》中。

> 岂曰无衣?与子同袍。王于兴师,修我戈矛。与子同仇!
> 岂曰无衣?与子同泽。王于兴师,修我矛戟。与子偕作!
> 岂曰无衣?与子同裳。王于兴师,修我甲兵。与子偕行!

诗的大意是:谁说没有军装?我和你同穿一件外衣。大王要兴兵打仗,快整理我们的戈矛,你我共同对敌。谁说没有军装?我和你同穿一件内衣。大王要出兵打仗,快整理好我们的矛戟,你我共同迎敌。谁说没有军装?我和你同穿一件下裙,大王要兴兵打仗,快整理好我们的铠甲兵器,你我一同出征杀敌。

在这首诗中,几乎把当时军人穿的服装都提到了。"与子同袍""与子同泽""与子同裳",表明了军人同仇敌忾英勇杀敌的勇气与决心。后人就用"袍泽"来称呼同在军中服役的战友,所以"袍泽"一词不同于"同胞",也不同于一般的"朋友"。

pǎo
跑

兽类用前脚刨土——跑

　　小篆的"跑"字是个形声字兼会意字。左边是"足"字作形符，表示这个字与脚的动作有关；右边的"包"字作声符。古人之所以用"包"字作声符，是因为"包"与"刨"音近，"刨"有"挖掘"的意思，所以"跑"字以"包"字作声符并会意。

　　古代的"足"字是个象形字，像人的脚趾、脚掌、小腿部分俱全的形状。后来字形略有变化，除保留脚趾头、脚掌形状之外，小腿用圆圈表示，这就是腿肚子。小篆和楷书写作"足"。

　　"足"的本义为"腿"，所以古人用"足"与"包"组合为"跑"。"跑"的本义是"兽类用前脚扒土"。如杭州的"虎跑泉"，在这儿"跑"读"páo"。后来，"跑"字的本义引申为"走"，这时读为"pǎo"，如跑路、从家跑到学校。

　　"跑"，有急走的意思，如赛跑、飞跑、跑步、长跑等。在危险的情况下尽快跑开。

　　"跑"，有"逃走"的意思，如别让贼跑了，别让敌人跑了等。

　　"跑"，有"为某些事情奔走"的意思，如跑业务、跑码头、跑买卖、跑趟北京等。

　　物体挥发或损耗也称之为"跑"，如轮胎气跑了、汽油跑了、电跑了等。

金文

小篆

跑
隶书

跑
楷书

"跑"字的忠告

　　省人民医院手术室有位小伙子名叫李进，跟随老教授殷国豪当助理，负责病人的麻醉工作。李进人很聪明，头脑灵活。他常看到一些推销医疗器械的人，向一些外科医生推销产品，据说这些人收入颇丰。因为他一直跟外科医生们在一起，所以这些推销商也看中了他，逢年过节塞给他的红包比医院发的奖金还多。这下，李进心动了，他想：推销医疗器械，有谁还能比我强呢？论精通业务、论人际关系谁也比不上啊。想罢，他辞掉工作，转行当药品和医疗器械的推销商了。

　　李进很快进入角色，年收入比以往翻了几倍，但工作可不轻松。他得扛着大包，里面装着各种手术器械和病人要用的钢钉、钢板之类的材料，把这些送到医院，供医生挑选，有时还得随医生到别的省市做手术。他把这叫作"跑长途"。不仅如此，他还得准备好几份红包，送给相关人员，要不，谁还用你的器械呢？

　　两年下来，李进把自己这份工作总结为一个关键字——"跑"。此话怎讲？他整日东奔西跑，楼上楼下，扛着包，用的是一双脚。另外，他得准备好红包，随时塞给为他提供方便的人。这"足"与"包"组合在一起，不就是个"跑"字么？

　　打今年开始，李进的业务锐减。医疗事业改革，各医院严厉禁止医务人员收红包。李进的红包很难送出去，业务也很难开展，他陷入了困境，他萌生了重回手术室的念头。于是，他向殷教授求救，他诉说了这三年来的经历，也讲了近来的反思，表达了重回手术室的愿望。

　　殷教授听罢，语重心长地说："这几年你跑了不少路，扛了不少的大包小包，也送了不少的红包。你把这段生活归纳为一个'跑'字倒也有趣。但你知道么？你干的这些事不光彩啊。你从中获利，让老百姓的医疗费用成倍增长。你那红包还败坏了社会风气，毒害了一批医务人员。每个人的一生中，可用许多关键字来概括，这三年，你用的是'跑'字，未来呢？但愿你能选个更美好的词。"

pào
炮

火烤泥包裹的肉——炮

古代的"炮"字，是个左右结构的形声字兼会意字。左边的"火"字是形符，表示与火有关。右边的"包"字是声符，读"bāo"。"炮"字意思是指把带毛的肉用泥包裹起来，然后放在火上烤，故"炮"字从火。又因为"包"字有"包裹"的意思，所以古人用"包"字作"炮"字的声符并会意。

古人用泥巴包裹家禽或兔子之类的动物放在火上烤的吃法，今日仍是人们餐桌上的佳肴。常熟的著名特产"叫花子鸡"，就是这么制作的。

"炮"字的本义指"把东西包起来烧"。

"炮"字是个多音字。读作"páo"时，指"烧"，如炮凤烹龙。

"炮"字由本义引申指"一种加工制作中药的方法"，如炮姜、炮制、炮炼等。

小 篆

炮
隶 书

炮
楷 书

"炮"字读作"bāo"时，指"用锅在旺火上炒牛羊肉片等，并迅速搅拌"，如炮羊肉。也指"烘焙"，如把湿衣服放在热炕上，一会儿就炮干了。

"炮"字读作"pào"时，指"能发射炮弹的重型武器"，如榴弹炮、加农炮、高射炮等。又如炮兵、炮车、火炮、炮击、炮手、炮艇等。

"炮竹"，指"鞭炮、花炮"。

人们在炸土石时，在开凿的洞眼里装上炸药后叫作"炮"。

纸包不住火——炮

苏北阜宁县有个古河镇，镇头有家百货店，店主名叫钱大来，小名大来子。此人三十来岁，脑子灵活，会做生意，能赚钱，外号"来大钱"。

春节快到了，人们生活红火，家家都想放鞭炮，以示庆贺。钱大来想经营鞭炮，趁春节赚它一笔。经营鞭炮有严格规定，有一套审批手续。钱大来凭他的小聪明，不知从哪儿进了一批货，回家后，将鞭炮拆散，用旧报纸包扎起来，然后放在装水果的纸箱里，偷偷地卖。

钱大来神不知鬼不觉地卖了十几箱鞭炮，赚了几百块钱，于是他又进了一批货，就在进货的当天，"轰隆"一声巨响，小店的大门被掀倒了，屋顶开了天窗，玻璃四散，在门外玩耍的两个孩子被炸得头破血流，钱大来的一只耳朵也被碎玻璃削掉了一半……

钱家小店，仿佛被一颗炮弹击中，人们四散而逃，镇上的消防车呼啸而至，公安干警随即展开调查。

事情明摆着，爆炸是店主钱大来非法经营鞭炮所致。钱大来在医院缝补上耳朵。当晚，派出所所长老陈，怀着很复杂的心情来看望他。

陈所长正式通知他，他因非法经营鞭炮，触犯了刑法，除了罚款，还将被刑事拘留，另外还要担负民事赔偿责任。

钱大来后悔莫及，痛苦万分。陈所长语重心长地说："你是聪明反被聪明误呀。纸能包得住火吗？你以为鞭炮的'炮'字是纸包火呀？那火里是炸药，是炮弹，是要人命的！"

钱大来无言以对。他承认，人世间的坏事是干不得的，就像纸包不住火，一旦爆发，就像中了炮弹，弄得家毁人亡，人财两空。

唾弃斥责之声——呸

pēi 呸

小篆 呸
隶书 呸
楷书 呸

　　古代的"呸"字是个形声字兼会意字。小篆的"呸"字由两部分组成。上面的一点是声符，在这里象征唾弃之声；下面是个"否"字，作形符，表示否定，不承认、不赞同。这两个字形组合在一起，表示断然否定之声。在这里，"否"字也兼表声。这个字形，在隶变后写作"咅"，读"pǒu"。

　　在《说文解字》中，对"咅"字的解释是："咅，相与语唾而不受也。"本义为"断然否定之声"。

　　由此可见，这个"咅"字，是"呸"字的本字。后来"咅"字作了偏旁，所以古人又另造了"呸"字来表示唾弃、斥责之声。而凡是以"咅"字作偏旁的字，都与断然拒绝之声等义有关，如剖、焙、赔、陪、部、培等。

　　新造的"呸"字成了个左右结构的形声字。左边的"口"字为形符，表示与"口"有关，右边的"丕"字作声符，读"pēi"。"呸"字本义指"唾弃或斥责之声"，如呸！你这死不要脸的狗东西！

　　只有在厌恶透顶、出于激愤才使用"呸"字，一般情况下应该慎用这个字。

众口难调——哑

　　一年一度的中秋节快到了，江南食品厂隆重推出了一系列很有特色的月饼。时下的月饼，已不成食品，而是成为表达人情的礼品了。过度的包装，加上华而不实的原料，人们已表现出厌烦了。一盒月饼，由他送给你，你又送给别人，到头来没人吃，都扔垃圾桶了。

　　江南食品厂别出心裁，他们研制了符合大众口味的蔬菜月饼，其中居然还有咸菜馅儿这一品种。在试吃之后，广受欢迎。

　　为了在节前推出新产品，江南食品厂厂长老刘使出浑身解数，在电视、报纸上大做广告，还投下巨资，在月宫大酒店召开新产品发布会，请新闻媒体、社会名流、各大商场经理及外地采购人员参加。梁溪谜语研究会的马汉文及一帮制谜朋友也在应邀之列。发布会会场布置得隆重热烈，除了台下满桌子月饼样品任人品尝之外，台上几条横幅标语也令人瞩目。一条上写着："众口难调我来调，不拘一格新创造。"另一条上写着："萝卜青菜，各有所爱。咸菜馅儿，争创名牌。"

　　跟马汉文一起出席的周其良，一进会场，就盯着主席台上的两条横幅看。看罢，又紧皱眉头思索了一会儿，对马汉文说："老马，你先莫急着品尝月饼，先品味品味这两条横幅，味儿好像不大对头啊。"马汉文听了，连续看了两遍，点点头说："这是有意栽花花不发，无心插柳柳成荫。恐怕不是有意为之，我们得代为保密啊。"

　　你道他这话是何意思？因为周其良看出来了，这两条横幅上，接连暗含三个"哑"字。"众口难调"，换句话说就是"众口不一"或"口味不一"，这两句话在谜语界里都知道是个字谜，谜底是"哑"字；"不拘一格"也是个字谜，谜底也是"哑"字，左边的"口"字旁就是一个方格啊；至于"萝卜青菜，各有所爱"，这是句俗语，换句话说，也是"众口不一"之意，谜底也是个"哑"字。

　　推荐自己的新产品，却连说三个"哑"，这不是笑话吗？一般人看不出，但内行人一眼就看出来了。马汉文出于好意，把刘厂长喊来，耳语一番，叫他对外做广告时，把这几句话再推敲一下，并答应到时全力相助。

　　刘厂长千谢万谢地张罗去了。

péi
陪

重叠的土堆——陪

篆 小篆
陪 隶书
陪 楷书

古代的"陪"字，是个左右结构的形声字兼会意字。左边的"双耳旁"是形符，表示跟土山、台阶之类有关，右边的"咅"字是声符，这是"倍"字简省的写法，读"bèi"。这两个字形组合在一起，指"重叠的土堆"。

"双耳朵"旁是个象形字，其形状跟山崖边的登山石磴相似，这是"阜"字的本字。表示跟山丘土石有关，本义指"土山"。用在这儿指"不高的土山"。古人为什么用"倍"字作"陪"字的声符呢？因为"倍"有"增益、重"的意思，阜上加阜，一层层台阶上去，就有成倍增长之义，所以"陪"字以"倍"字作声符并会意。

"陪"字的本义指"重叠的土堆"。因为重叠，当中就有隔一层的意思，所以"陪"字引申指"重叠的、隔一层的"，如古代有些官员自称"陪臣"。为什么？因为诸侯是天子分封的，是天子的臣，而自己是诸侯的臣，当中隔了一层，所以自称"陪臣"。

"陪"字由"陪臣"这层意思，又引申指"在主要的之外，有所附加、伴随"，或"在旁边作伴"，如陪伴、陪绑、陪读、陪衬、陪都、陪房、陪嫁、陪客、陪侍、陪送、陪同、陪葬、奉陪、失陪等。

既然是"伴随"，或"在旁作伴"，就有"从旁协助"的意思，所以"陪"字又引申指"从旁辅助"，如陪审员、陪审制等。

别把耳朵放错了——陪

耳朵旁分两种。一种是"单耳旁",也称"硬耳朵",即"卩",如:卫、印、却等;还有一种叫"双耳旁",也称"软耳朵",即"阝"。这双耳旁又分左耳旁和右耳旁。

写在左边的双耳旁是"阜"字的本字,本义指"供上下走动时的脚窝"、"登山时的石阶"。用作偏旁时,放在左边,这些字大都与升降、阶梯、楼台、山丘、土堆、壁障等有关。如:阱、阶、隧、陆、陌、降、限、陡、陛、险、陵、陷、陪、隆、隙、临等。

写在右边的双耳旁是"邑(yì)"字的本字,本义指"人们聚居的地方",泛指小城镇。凡是从"邑"取义的字,都放在右边,这些字与地域、城镇有关。如:邢、邦、邺、邺、邹、祁、邵、郑、都、郊、部、郸、鄂、邱、邯等,这些大都是地名。

古代有不少文字故事,说的就是把"双耳旁"放错了而闹了笑话。从前有位县衙文书,常写错字。有一次他把"陆"字的双耳旁写在右边,被县太爷打了十大板。后来他以为所有的双耳旁都应写在左边,结果报往建邺的公文中,他将"邺"字的双耳旁写到左边,又被县令打了十大板。后来有位姓聂(聶)的托他写状子,他死活不肯,哭诉道:"我写了两个耳朵,被打了二十大板,你这三个耳朵写错了,要把我屁股打烂啊。"

相传明朝万历年间,苏州吴江有个靠捐钱得到官位的人,被派往河南郏(jiá)县任县令。这人钱虽多,但识不得几个字。他以为"郏"就是"陕",于是带了公文,直奔陕县赴任。

陕县县令是个颇有学识的人,他见此人是持公文而来,忙热情接待。等他接过公文一看,已明白事因。他呵呵笑道:"先生粗心大意,看错字、走错路、认错门了。此地是陕县,陕县若是郏县,那吏部官员不就成了陪员了么?杏眼恐怕也成呆眼了吧?"

这捐官县令竟没听明白讽刺之意,还傻乎乎地问:"部员怎会降为陪员了呢?"陕县县令没好气地说:"他把耳朵放错了,只好跟在人家屁股后面当陪员了。"

长长的衣服——裴

péi
裴

古代的"裴"字，跟今天的字形相似，没多大区别。这是个上下结构的形声字。下面的"衣"字作形符，表示跟衣服有关；上面的"非"字作声符，其本义指"长衣服"。

《说文解字》对"裴"字的解释为"长衣貌，从衣，非声"。

有人认为，"裴"字只是指衣服；也有人认为，"裴"字专指长衣下垂的样子。尽管有些争论，但如今"裴"字的本义已很少用了。一般只作姓氏用。

"裴"字应读"péi"，切莫读成"fēi"。

金文

小篆

裴 隶书

裴 楷书

骆宾王制谜反武则天——裴

唐朝有位大诗人，名叫骆宾王。他七岁便能作诗，那首《咏鹅》诗千古流传，在当时，他便有神童之称。骆宾王不仅诗写得好，他当过官，坐过牢，还是个敢作敢为的勇士。

骆宾王生活在女皇武则天专权的年代，当时，朝廷腐败，不少人准备起事反抗。重臣徐敬业就是其中之一。

徐敬业虽有心谋反，但自知力量不足，他很想得到朝廷大臣裴炎的支持。为了争取中书令裴炎一同起事，徐敬业就找骆宾王商量，要他设法把裴炎争取过来。

骆宾王受徐敬业之托，苦思冥想一夜，终于想到一条妙计。他连夜编了首童谣，第二天就教街上的孩子们唱。

童谣只有三句话："一片火，两片火，绯衣小儿当殿坐。"

这首童谣暗含"裴炎为王"的意思。"绯"字读"fēi"，表示红颜色。"绯"字与"衣"字相结合，就是红衣服，也就是"绯衣小儿"，"绯衣"也可理解为"裴"字。"一片火，两片火"指的是"炎"字。这都暗指裴炎。"当殿坐"，也就是当皇帝。你裴炎想当皇帝，这可是个满门抄斩的杀头之罪啊。

这首童谣一传开，裴炎当然害怕了，徐敬业也就不怕他不入伙了。

一字一世界

系衣带上装饰物——佩

pèi
佩

金文
小篆
隶书
楷书

小篆的"佩"字是个会意字，由三部分组成。左侧的"单人旁"指人；右边的外框是"凡"字；外框里面是"巾"字。这三部分组合，指"古人系在衣带上的装饰物"。

因装饰物为人所用，所以古人用"人"字来会意。因为古人佩戴装饰物是个很普遍的现象，不分贫贱富贵，几乎人人都佩戴，只是装饰物有贵有贱罢了，既是人人佩戴，即有平凡人也戴。"凡"字还有"凡是""所有"的意思，所以古人又用"凡"字来会意。

因为凡是佩戴装饰物，必定要有带子，而束在腰间的带子都是丝织物，这些丝织物称为"巾"。因凡佩必有"巾"，所以古人又用"巾"字来表意。人、凡、巾三字组合就成了"佩"。

楷书的字形由小篆演变而来，写作"佩"。

"佩"字的本义指"系在衣带上的装饰物"，如佩戴的玉石称"玉佩"。佩字由本义引申指"挂"，如把手枪、刀、剑等插在或挂在腰部称"佩带"，也可称"佩戴"，把徽章、符号等挂在胸前、臂上、肩上等部位称"佩戴"，也称"佩带"。佩字由本义假借指"诚服、心悦"，如敬佩、钦佩、佩服、赞佩等词。

"佩"和"佩服"

"佩"字作动词，指佩带，如佩刀；也指古代系在衣带上的装饰品，如玉佩；还指钦佩、佩服。动词"佩"和表示服装的"服"搭配，怎么就用来表示心悦诚服的"佩服"呢？这里有个怎样的演变过程呢？

说起这个词的演变，还得从春秋时期的卞和与"和氏璧"谈起。

东汉学者王充在《论衡》一书中提到了"佩服"一词，"有美味于斯，俗人不嗜，狄牙甘食。有宝玉于是，俗人投之，卞和佩服。"

上面这段话的意思是：狄牙是春秋时期为齐桓公做饭的著名厨师，一般人品不出滋味，而狄牙知其美味。一般俗人识不出宝玉而将它丢弃，只有卞和识货，用它佩戴在衣服上。这块被俗人丢弃的宝玉就是卞和识得的"和氏璧"。这句话就叫"卞和佩服"。

这里说的"卞和佩服"中的"佩服"二字，不是今日所通用的佩服丢弃宝玉的俗人。俗人丢弃了宝玉只有愚蠢，谈何"佩服"呢？这里是指卞和将这块宝玉佩戴在衣服上作装饰品。"佩"字的本义指系在衣带上的玉器。当时的人盛行佩玉，"古人君子必佩玉""君子无故，玉不去身，君子于玉比德焉。"由此可见，佩玉是古人重要的礼节，是身份的象征。是一刻也不能离身的。佩玉是按地位的高低来己分，不同身份的人要用不同颜色的带子来佩玉。因为玉要用带子串起来佩戴在衣服上，所以称"佩服"。卞和将玉佩戴在衣服上，故称"卞和佩服"，这里的"服"指"衣服"。佩玉于衣服上，这是"佩服"一词的原义。佩玉者必定是有身份的人。

玉，又是君子道德品行的象征，所以人们一见到衣服上佩玉的人，敬仰、敬佩之心由然而生，久而久之，这种心理就发展为对佩玉的人十分尊重和敬佩。而佩玉的人将玉看作德，既然身佩美玉，也就时时告诫自己，要注意自己的形象，要显得有德行、有修养，要值得人们敬仰。这样一来，佩玉的人便更值得人们学习和尊敬，于是，衣服上佩玉的"佩服"之义，就转化为从心里敬仰、尊敬乃至佩服五体投地了。

把酒分配给其他人

pèi 配

甲骨文

金文

小篆

隶书

楷书

金文的"配"字，是个左右结构的会意字。左边是个"酉"字，表示这是个酒香四溢的酒坛子；右边是个跪着的男人。

小篆的"配"字，左边仍是个"酉"字，但右边的"人"形有所变化，已不像个"人"字了，而是个"己"字。到楷书时成了"从酉从己"的"配"字。

酒坛子与人组合在一起，表示什么意思？一种说法是，这个跪在酒坛子旁边的人，是古代部族中负责将酒分派给其他人的人。从这个意义上说，"配"的本义是"将酒分配于人"，因此，"配"字常用来表示给予一方的意思，如分配、配给、配售等。

另一种说法是，酒坛子旁边的人，像抱着酒坛，把两种不同颜色的酒，兑在一起，进行配制，相当于今天的调酒师。因为当时的酒有青色和黑色两种，配制后更好喝。从这个意义上说，"配"的本义是把两种不同颜色的酒进行配制，也就是"调配"。以上两种说法，都有道理，都包含了"配"字的本义。

"配"，有"分配、调配"的意思，如搭配、配合、配药、配色等。

"配"也表示"有计划地分派"，如支配、分配、配套、等。

"配"有"衬托、陪衬"的意思，如配角、红花配绿叶。

"配"也表示"相当"，如年龄相配、配不上你。

"配"表示"两性结合"，如配偶、婚配。

"配"表示"动物交配"，如配种。

巳酉两属　百年匹配

明朝时，苏州有个大才子名叫唐伯虎，他诗词、书法、绘画无不精通，在当时便很有名气。

唐伯虎有个诗友名叫徐祯卿，徐祯卿的妻子生了个儿子。好朋友中年得子，唐伯虎就约另一个朋友祝允明前往祝贺。

贺喜总不能空手去呀，于是两人便商量送副对联。

唐伯虎说："我写上联，你续下联，要不，这份礼是我一个人送的了。"

祝允明说："好吧，你先写。"

唐伯虎听说这孩子是昨天半夜生的，于是提笔，写出了上联："半夜生孩，亥子二时难定。"

那时还没有钟表，人们估计时间不准确，半夜生孩子，既可能是子时，也就是夜里十一点钟到凌晨一点钟之间，也可能是亥时，大约在夜间九点到十一点之间。"子""亥"两字组合在一起是个"孩"字。这上联巧妙地借生孩子的时间，写出了祝贺的主题：生孩子。

祝允明也不愧为大才子。他沉思了半晌，猛地想起，徐祯卿夫妻，一个属蛇，一个属鸡。按十二生肖排列，蛇属巳时，鸡属酉时。"有了，"他对唐伯虎说，"你给我写下联。"

唐伯虎提笔，按祝允明说的一字一字写来："百年匹配，巳酉两属相当。"

这下联把"配"字拆为"巳""酉"两个字，而这两个生肖又与上联的"亥""子"相对，还写出了个吉利的"配"字。

两位大才子，拿了对联，高高兴兴地去徐家贺喜了。

其实，这里有个漏洞："配"字是由"己""酉"合成。而"巳"时的"巳"读"sì"，与"己"相似，但上头封口，两字不能混为一谈。

气夺口而出——喷

pēn
喷

　　小篆的"喷"字是个左右结构的形声字兼会意字。左边的"口字旁"作形符，表示跟"口"有关。右边的"贲"字读"bēn"，作声符并会意。

　　"口"字与"贲"字组合，指"气夺口而出"。因是指一股气从口中猛烈地吐出来，这跟"口"有关，所以古人用"口"字作"喷"字的形符。

　　古人为什么用"贲"字作"喷"字的声符呢？

　　小篆的"贲"字是个形声字兼会意字。上面的"卉"字读"huì"，指草，本义为"百草的总称"。下面是"贝"字，表示"华美"。两形合一指"文饰繁盛"，又引申指"华美"，也引申为"大"和"勇猛"之义。综合起来看，"贲"字有"宏大"及"气盛"之义。当一个人一股气夺口而出时，声音响，气势大，所以古人用"贲"字作"喷"字的声符并会意。

　　楷书的字形由小篆演变而来，写作"噴"，后简化为"喷"。

　　"喷"字的本义指"气夺口而出"，如人的鼻黏膜受刺激后，急剧吸气，然后由鼻孔喷出并发出大的响声，这种现象叫"喷嚏"。"喷"字由上义引申指"受压力而射出"，如形容水流喷涌、太阳上升的样子称"喷薄"；火山口喷出熔岩称"喷发"；喷水的泉称"喷泉"；喷射出来又称"喷吐"。还有喷射、喷溅、喷洒、喷气、井喷、血口喷人等词。"喷"字是个多音字，读作"pèn"时，假借指"气味浓烈"，如香喷喷。

噴 小篆
噴 隶书
喷 楷书

"喷"与"喷饭"

北宋时的大文学家、政治家、书画家苏轼,号苏东坡,有关他吟诗作画的故事,数不胜数。

苏东坡作画,只是借以抒发心中的不平之气,自我欣赏,并无其他目的。他画的墨竹,大笔挥洒,画得很有气势,也有情趣。与他同时代的另一位大画家名叫文同,也爱画竹,他的画似乎比苏东坡更出名。据《宋史·文同传》记载,当时人们纷纷请文同画墨竹,送绢作润笔,以致家中绢堆积如山。文同画竹,也和苏东坡一样,都要求先有成竹在胸,然后才下笔一挥而就。这就是人们常说的成语"胸有成竹"或"成竹在胸"。现在已弄不清这典故是出自苏东坡还是文同了。

苏东坡与文同是好友,两人常相互切磋绘画技艺,也常有书信来往。有一次,文同将他画的一幅粗大的青竹图赠给在当太守的苏东坡。苏东坡反复欣赏,爱不释手。画面上虽是几尺长的竹竿,但欣赏时总觉得有万尺长的气势,令人震撼。苏东坡一时兴起,提笔写了两句诗:

料得清贫馋太守,
渭滨千亩在胸中。

诗的大意是说:你文同兄想到我这太守生活清贫,故意用鲜美的竹笋来引我嘴馋,原来是渭水之滨的千亩竹林都装在你胸中啊。

他将这两句诗写成条幅,又写了封短信,托人带给文同。

这封信和诗文送到文同手上时,文同正同家人在山谷中郊游。时值中午,一家人就地取材,在竹林中挖鲜嫩的竹笋当菜,在空竹筒中装米煮饭。当他们正一口嫩笋、一口米饭吃得正香时,来人将苏东坡的书信送上。文同一边嚼饭,一边拆开信看。当他看到那两句诗时,不由"扑哧"一声笑了起来。这一笑可不打紧,将他满嘴的饭都喷了出来。

文同喷饭的事流传出去,便产生了"喷饭"一词。"喷",这里读"pēn",而不是读"pèn",指吃饭时看到听到或想到可笑的事,突然发笑,把口中的饭喷出来。现在,人们把令人发笑的事或场面就称之为"令人喷饭"。

一字一世界

口大底小的用具——盆

pén 盆

金文

小篆

盆 隶书

盆 楷书

金文和小篆的"盆"字很相似，属上下结构的形声字兼会意字。上面的"分"字作声符，读"fēn"，下面的"皿"字是形符。这两个字形组合在一起，指一种口分开张大，而底略小且有些深度的用具。

甲骨文的"皿"字读"mǐn"，是个象形字，字形像带底座的碗、碟、盆等一类饮食器具。金文、小篆也是这个字形，本义指"饮食器具"，用在这指"盛水的盆"。

古人为什么用"分"字作"盆"字的声符呢？因为"盆"一般口大底小，上面的口张大，有分开扩大的意思，所以用"分"字作"盆"字的声符并会意。"盆"字的本义指"盛东西或洗东西的用具"。如洗脸用的盆称"脸盆"，盛炭火用的盆子称"火盆"，盛水用的盆称"水盆"，洗澡用的称"浴盆"。还有花盆、缸盆、茶盆、瓦盆、便盆等，都是人们日常用的器具。

"盆"字由本义引申指"中央凹陷如盆的形状"。如：四周有山或高地围绕着的平地称为"盆地"；海底的盆地称"海盆"；人或脊柱动物骨骼的一部分，形状像盆，称之为"骨盆"。

半"盆"洗脚水

这天,梁溪谜语研究会的几位朋友,在会长马汉文家小聚,吃螃蟹,喝小酒,边看电视,边聊汉字,十分尽兴。

老马拿出一瓶茅台说:"酒不多,倒不是我小气,在座的都是三高人群,不宜多喝,今天我来分配,每人半盅。"

周其良是个有心人,一听此话,忙掏出笔记本记下来,口中念念有词:"'分配半盅',是个蛮好的字谜啊。'分'字配半个'盅'字,不是'盆'字吗?"赵纪方说:"这个太简单。有个'一针见血得分晓',谜底也是'盆'字,有点难度。"王林生说:"'篮下得分',扣'盆'字很形象。"正说着,电视里正播放一段公益广告:一个小男孩,使尽力气,为母亲端来一盆洗脚水……

马汉文感慨地说:"每看到这段广告,我就想到那半盆洗脚水。"说罢,讲起一段童年往事:

"儿时我父亲在江南做行商,我和母亲、祖母生活在苏北阜宁杨集乡。我过着衣来伸手、饭来张口的生活。晚上洗脚,都是母亲帮着洗,洗脚水都是母亲倒。父亲回来,看不惯我这娇生惯养的样儿,他严厉地训斥我:'今后自己的事情自己做,不许依赖别人。洗脚自己洗,洗脚水自己倒!'他不让母亲再为我洗脚。

这天晚上,我正洗脚,父亲往盆里加热水,要和我一起洗。他洗完,坐到床上算账去了。

我洗完脚,端着一盆洗脚水走到门外,倒了一半,又端回来放在原地,还一本正经地对父亲说:'你说的,自己的事情自己做,不要依赖别人。洗脚水一人一半,还有半盆你自己倒!'

父亲埋头算账没听见,那半盆洗脚水是母亲去倒了。那时,我只知道责任分担,没想到父亲那双脚,成年在外奔波,吃尽千辛万苦,养活了我,培养了我。如今老父亲早已驾鹤西去,定居天国,如若果真有来世,我愿天天与老父亲共用一个脚盆洗脚,我要抢着倒洗脚水,把他那半盆一并倒掉……"

讲到此,老马声音哽咽,动了真情。一个"盆"字,盛水盛菜盛杂物,同时,也能盛人间无尽的亲情和哀思啊。

煮祭品供神享用——烹

pēng
烹

在甲骨文、金文、小篆中，"亨"、"享""烹"这三个字同源，都是象形字。字形像高大的台基，上面建有殿堂，象征祭祀祖先神灵的宗庙。隶变后的楷书分别写作亨、享、烹。

"亨"字的本义指"烧制食物祭献神灵祖先"，后来此字引申泛指"奉献"。由鬼神来享用祭品，"亨"字就有了"享受、享用"的意思。神灵来享用，说明人与神相通，有神主保佑之意。这样"亨"字就有"通达、顺利"之意，这就叫"万事亨通"、"官运亨通"，也就成了"大亨"了。

祭祀神祖的祭品必须精心烧制，不能让神祖吃生的，所以"亨"字又有"烧煮"之意。为了分化"亨"字的字义，古人就将"亨"字表示"通达"、"亨通"，用"享"字表示"享用"、"享受"，又在"亨"字下面另加四点，表示用火烧煮，这就是"烹"。

小篆的"烹"字是个上下结构的形声字兼会意字。下面的四点指"火"，作形符，表示跟"火"有关。上面的"亨"字，读"hēng"，作声符并会意。这两个字形组合在一起，指"烧煮"。

烧煮离不开"火"，所以"烹"字以表示"火"的四点作形符。因是烧煮祭品供神祖享用的，所以又用"亨"字作声符并会意。

楷书的字形由小篆演变而来，写作"烹"。

"烹"字的本义指"烧煮"，如烹调、烹饪、烹茶、烹制等都是"烧煮"之意。

"烹"字由本义引申指"烹调的方法"。这个方法是先用热油略炒，然后加酱油等作料搅拌，随即盛出，这就是"烹饪"。烹饪已成为一种手艺，也成了一门艺术。

烹 小篆

烹 隶书

烹 楷书

"烹"天子父，为圣人师

公元前207年，秦朝灭亡。在灭亡前爆发了农民战争，在众多起义军中，有两支主力军：一支是项羽领导的楚军，另一支是刘邦率领的汉军。他们之间展开了历时四年的楚汉战争，最后刘邦获胜。

沛县和宿迁相距不远，当中有个新沂县，境内有条沂河。不知何年何月，有一支刘氏家族，迁移到此，在河东岸居住，地名叫刘村。正巧，河西岸有个项庄，住的都是姓项的人家。楚汉相争已经过去将近两千年，到了清朝乾隆年间，这沂河两岸的刘项两姓互不往来，而且还暗中较劲，看谁胜过谁。康乾盛世，国泰民安，刘村人集资在河边建了座祠堂，还由族长写了副对联挂在正对西岸的祠堂大门上：

> 两朝天子
> 一代军师

"两朝天子"指的是西汉高祖刘邦和东汉武帝刘秀。这两位都是历史上赫赫有名的帝王。"一代军师"指的是明朝开国皇帝朱元璋的军师刘伯温。刘村人用历史名流向项庄人显示刘氏家族的显赫和辉煌。

项庄人见此也在河边建了座更气派的祠堂，还决定用重金请文坛高手为项庄祠堂写副对联，以此压倒刘村。正巧，四川才子李调元听了原委，便对项庄族人说："往事越千年，楚汉之争已成历史，后人当以和为贵，何必再争？我撰一联，唯愿项刘两家化干戈为玉帛，友好往来。"项庄人点头称是。李调元又去刘村说和，刘村人应允。李调元赋联：

> 烹天子父
> 为圣人师

"烹天子父"，说的是楚汉相争时，项羽捉了刘邦的父亲要煮了吃。刘邦说："你我结拜弟兄，我父即你父，若真煮了，分我一杯羹喝喝。"项羽没忍心下手。这是刘邦不光彩的事，也表现了项羽的大度。

"为圣人师"，说的是项氏祖先橐是孔子的老师。

刘村族长见此联合情合理，从此，两村相安无事，并日趋友好。

两串贝壳为一朋

péng
朋

甲骨文

金文

小篆

朋 隶书

朋 楷书

中国的中原一带属内陆，远离大海。在远古时代，海边俯拾皆是的贝类，历经千山万水，被人带到中原，便成了罕见之物，成为宝贝，当作货币使用。使用货币，就得有货币单位，就像今天的"元""角""分"一样。"朋"字的出现，与"贝"字大有关系，因为它就是当时的货币单位。

甲骨文和金文的"朋"字，看上去都像许多贝壳用线连串在一起，一共分两串，所以古人说"五贝为一系，二系为一朋"。也就是说五个贝壳为一串，两串为一朋。

古人以"朋"作为货币单位，何以见得？古书《周易·损》中有一句："十朋之龟。"意思是说，用十朋钱买回一只龟，就像今天说花十元钱买回一只龟一样。另外的古籍中还有"既见君子，赐我百朋"。

"朋"由贝壳用线串连而成，联系紧密。正因如此，古人用"朋"字比喻，把跟从同一位老师读书，关系十分密切的同学称为"朋"。"同师曰朋，同志曰友"，"朋"与"友"就是指"朋友"。可见，"朋友"是两个意义相近的词构成的复合词。

随着货币名称的不断变换，"朋"字早就失去了它的本义，而专用于指"同学、朋友"，如良朋、高朋满座等。

"朋"字指"亲近友好的人"，而人总有好坏之差，事情也有是非之分，所以"朋"字也常用于贬义词，如朋党、朋比为奸、狐朋狗友等。

两个"月"字成"朋友"

初中生王海最近很苦恼,因为他总觉得自己交不到一个知心朋友。为什么会这样呢?

有一天,他忍不住把心里的苦恼讲给爸爸听。爸爸听王海讲完,微笑着说:"孩子,你把'朋友'的'朋'字写给我看看。"

王海不知道爸爸葫芦里卖的什么药,只得一笔一画地写了个"朋"字。

爸爸拿起来看了看,语重心长地说:"你看,'朋'字是由两个'月'字组成,之所以能成为至交,除了性格相投外,还得常常交往、心灵沟通,要保持一致,不要相差太大。如若性格上、观念上、品德上相差太大,那就成不了朋友。"

王海听了,心里一亮,点头说:"爸爸,我知道了,这两个'月'字靠得这么近,肯定是为了相互搀扶、相互帮助,否则少一个都成不了'朋'字,所以做朋友一定也是这个道理。"

听儿子这么一说,爸爸的脸上露出了笑容。

鼓声彭彭彭

péng
彭

甲骨文
彭

金文
彭

小篆
彭

隶书
彭

楷书
彭

甲骨文、金文和小篆的"彭"字基本相似。从字形上看，这是个左右结构的会意字。

左边的"壴"字，在古代是鼓的形状，这是从侧面平视的效果。上面是鼓面；当中是鼓的中段，呈圆腰形；下面是鼓的支架。这种鼓，跟如今人们敲的大鼓相似。

右边的三撇"彡"很像敲鼓后的震动波，这儿表示敲鼓时发出的声音正传向远方。两形组合在一起，就表示鼓声。

"彭"字的本义是指"敲鼓时发出的声音"。事实上，直到今天，我们听到的鼓声也是"嘭嘭嘭"。所以，古代的"彭"字主要作拟声词用，民歌有："打麦打麦，彭彭魄魄，声在山南，应在山北。"

"彭"字也作姓氏用。

老汉姓什么——彭

中国老年人逐渐增加,许多退休老人过着幸福的晚年生活,各人根据自己的爱好寻找各自的乐趣。

在南京城南市民广场,有一个凉亭,亭子里常有爱好京剧的老人在那儿聚会,一展歌喉。可惜缺少伴奏的琴师,所以往往只能清唱。

这天,他们邀来四位老汉,加入自己的队伍。这四个人中,有的会拉琴,有的会弹琴,有的会敲鼓,有的会敲锣……能组成一个完整的乐队。

第一次见面,免不了相互介绍。这些老头很幽默,不直接说自己姓什么,偏要出个字谜让大家猜。

拉琴的说:"我姓有车子代步,有木可过河,有人在国外,有草可做馍。"

大家齐声说:"你姓乔,是乔老爷啊,欢迎!欢迎!"

弹琴的说:"我姓上面往下掉,下面正需要,上下一结合,吓你一大跳。"

有人立即叫道:"雷大爷,对么?"

敲小锣的说:"我姓有眼看得准,有口咬得紧,有金劲更大,有火有光明。"

人们齐声说:"这不明摆着是老丁嘛!"

最后一位把一面小鼓放在地上,说:"我姓十粒小金豆,上下排一溜,三面小彩旗,一旁飘悠悠。"

这个姓,大家猜了好一会儿。临了,拉琴的调调琴弦说:"彭大哥,敲鼓吧,我们开戏啰!"说罢,这群老人扯开嗓子唱了起来。

一字一世界

用双手托着——捧

pěng
捧

奉 金文
奉 小篆
捧 隶书
捧 楷书

　　古代的"捧"字，是个左右结构的形声字兼会意字。左边的"提手旁"是形符，表明这个字与"手"有关。右边的"奉"字作声符。

　　"捧"的本义是用"双手托着"。右边托着，当然跟手有关，所以"捧"用"提手旁"作形符。

　　音旁的"奉"字，在甲骨文和小篆中，就像双手捧物一样。小篆的"奉"字，上面像玉，正面是三只手，表明许多双手捧着贵重的玉。本义就是"用双手捧着"。这"奉"字就是"捧"的本义。后来"奉"字又借作"献给""接受"用，如奉送、奉命等。后来就在"奉"字旁边另加了个"提手旁"，造了个"捧"字，作为"双手托着"这个动作用。

　　用双手托着的东西很多，如：捧着一本书、捧腹大笑、捧着奖杯等。它还可当作量词用，指"用手能捧的东西"，如一捧花生、捧了一大捧青菜等。

　　"捧"由"捧实物"，转为指"讨好或不适当的赞扬、抬高别人"，如捧场、吹捧、用好话捧捧他等。

[瓦当欣赏]

秦汉瓦当

奉承他人有一手——捧

民国初年，山东有个人叫王必成，靠着奉承拍马，竟当上了一个小县城的父母官。

这天，正逢王必成四十岁生日，当地的富商名流纷纷带着红包厚礼前去祝贺。王必成看到礼品堆得像小山一样，心里乐开了花。这时，一卷画轴落入了他的眼帘。哎呀，想不到道喜人当中还有文人墨客！他越发得意，当着众人的面，缓缓展开画轴，只见偌大的画卷上，龙飞凤舞地写着一个"捧"字。

这是什么意思呢？正纳闷，旁边有人赞叹起来："这个'捧'字不但写得好，含义也好。书写之人定是要全县民众把咱们的父母官捧在心中。"

王必成听了，心里美滋滋的。他正飘飘然，又有一人说道："咦，这里还有一行字。"王必成定眼细看，画卷的最底下写着这么几个字："奉"承他人有一"手"。围观的人赶紧闭上了嘴巴，这"捧"字拆开正好是"手"和"奉"。

写这个字的人分明是在讽刺王必成专会奉承拍马啊。

头上顶着大东西——丕

pī 丕

甲骨文

金文

小篆

隶书

楷书

  甲骨文的"丕"字，上面是一横，下面像个人。它所描绘的是一个人头上顶着个大东西，这是个会意字。它的本义表示"大"。

  金文的"丕"字是个上下结构的形声字。上面是个"不"字，表示读音，下面是个"一"字，表示意思。

  我们知道"一"，表示数目，它是数目之首，万数从"一"数起。"一"有"全"和"满"的意思，如一生、一辈子、一仓库的货。在"丕"字中，这"一"就有"全"和"满"的意味。既然是"全"，又是"满"，那也就意味着"大"。那么，"丕"的本义也就是"大"了。

  按理说，对"丕"字的解释到此已很完整了。但若进一步分析，我们还可发现，"丕"字中的"不"字也值得一说。古代的"不"字是个会意字。下面三竖表示三条奔腾的河流或三股强大的力量被上面的一横挡住了。其本义就是"不能继续向前了"，后引申为"不"。由于"一"能将不同方面的事物阻挡住，所以"不"有"大"和"巨大"的意思。在古代，"不"与"丕"通用。金文中的"丕"字原来就是"不"字。这么一说，"丕"字的本义就更明显了。

  "丕"字在口语中用得不多，主要用在书面语中，如丕业、丕绩，就是大功劳、大业绩。

曹"丕"当政不到十年

三国时期，孙权听说曹丕要即位，忙把群臣召到跟前，忧心忡忡地说："曹丕以盛年即皇位，我恐怕等不到代他而立的时候了。诸位，你们说我该如何对待这种情况呢？"

群臣面面相觑，无言以对。

正当大家默不作声时，一位名叫阚泽的侍从站了出来，朗声说道："大王不必为此担心，不出十年，曹丕便将被大王所代。"

孙权听得心里高兴，忙问他怎么知道。

阚泽回答道："大王你看，这个曹丕的'丕'字，可拆成'不'和'一'，一数为十。不一，就是不到十年。所以我断定曹丕当政不会超过十年。"

孙权听他这么一说，悬着的心这才落到肚子里。后来果然如阚泽所说，曹丕当政不到十年便去世了。

光凭一个"丕"字，能测出曹丕当政不会超过十年，这有点儿玄乎，令人难以置信。阚泽之所以敢这么说，恐怕他已知道曹丕的身体状况或魏国内部的争权夺利，预测魏国会出事；要不，他就是冒着风险，随口说的。因为十年以后的事，谁能说得那么准呢？到时有谁去责怪他呢？

未烧制的陶瓷——坯

小篆的"坯"字是个左右结构的形声字兼会意字。左边的"提土旁"是形符，表示跟泥土有关。右边的"丕"字读"pī"，作声符并表意。"丕"字与"土"字结合，指"未经烧制的砖瓦陶瓷"。因砖瓦陶瓷器具，都先要用土制成坯，经烧制才能变成能用的陶瓷器具，所以"土"很重要，是根本，因此古人用"土"字作"坯"字的形符。

古人为什么用"丕"字作"坯"字的声符呢？

在甲骨文中，"丕"字与"不"字原本是一个字。隶变后楷书写作"丕"。"丕"字有"大"的意思。因陶瓷砖瓦都是聚众土制成，制坯的土堆成山，也有"大"的意思。所以古人用"丕"字作"坯"字的声符并会意。

楷书的字形由小篆演变而来，写作"坯"。

"坯"字的本义指"未经烧制的砖瓦陶瓷"。把黏土放在方形的模型里制成的土块称"土坯"，用模子把泥制成泥坯称"脱坯"，未经过烧制的砖称"砖坯"。

"坯"字由本义引申指"半制成品"。织成后未经印染加工的布称"坯布"；用黏土或陶土制作的未经烧制过的砖、瓦、陶、瓷等称为"坯子"，也指将来可能成为干某种事情的人；初步成形，还需要进一步加工的制品或半成品称"毛坯"。

游陶都说"坯"字

无锡梁溪谜语研究会会长马汉文,跟南京研究汉字的奇人郑可鉴成了好朋友,两人相见恨晚。马汉文聘请郑可鉴当研究会顾问,郑可鉴一口答应。近日郑可鉴带旅游团游陶都宜兴。当晚,马汉文设宴款待郑可鉴,大家的话题由陶器说到陶业的祖师范蠡,说到范蠡烧陶器的技巧还是从西施那儿学来的。话题又说到西施是个美人坯子,这一说,又扯到满地看到的陶坯,最后话题落实到"坯"字上。

大家把目光转向郑可鉴。郑可鉴坦诚相告:"我来陶都前,做了点功课。据我所知,'坯'字本义指未烧的砖瓦、陶器,隶变后楷书写作'坏',大家别奇怪,就是如今'好坏'的'坏'。繁体字'壞'从'褱'(huái)声,本义指破败、衰败,这样,未烧的砖瓦、陶器之义就另造了个'坯'字,原来的'坏'字就成了'壞'字的简体字了。"

小陶笑道:"幸亏你这么提醒,要不古书上出现'美人坏子',我还以为是坏人呢。我出个字谜吧,郑导'一来就不坏了'。"

众人摸不着头脑。马汉文站起来向郑可鉴敬酒,举起酒杯道:"这叫一举成环!"

好个郑可鉴,他立马猜出来了,答道:"地分南北,土不一,对吧?"这种江湖黑话,在场的人都听不懂,其实谜底都是"坯"字。"坯"字拆开是"土""不""一",南北土不一样指"坯"。将"坯"字下面的"一"字加到左上方,成了"环"。猜罢字谜,众人请郑导讲个测字故事。

郑可鉴张口就来:"我有个外甥,在乡下开了家烧砖瓦的窑厂。前几年倒也兴旺,如今缺土做砖坯,又污染环境。他向我借钱更新设备继续干下去。我给他测了个砖'坯'的'坯'字,劈头一句话是'你在干坏事'。因为古代'坏'字就是今日的'坯'字。这'坯'字里有"土""不""一"三字,含有土地一点儿也不能动的意思。他说我故弄玄虚。我也觉得这样说有点勉强,便给他拆解'不'字,说'不'字乃'木'字去其冠,但其根尚在,尚可继续吸收水分养分,侯机再发。而'丕'字乃一木先去其冠,再断其根,就没法活了。没法活的'丕',即便加'土',骨子里仍是个'坏'。最后他被我说服改行种蔬菜了。"

用手剥兽类的皮

pí
皮

金文
小篆
隶书
楷书

　　甲骨文的"皮"字是个形声字。左边是"卜"字作声符；右边是"刀"形，表示"用刀剥皮"。

　　金文承接甲骨文，上面是一把扁平的铲子形，下面的"又"字指"手"，表示"用铲子剥取兽皮"。

　　也有学者认为，金文的"皮"字是个会意字。左上方像带角的兽类的头；左下方的一竖像兽的身段，一竖上面右半圆形表示揭起的兽皮；右下方的字形表示"手"。综合起来指"人用手剥兽皮"。

　　两种解读似乎都合情理。

　　隶变后的楷书写作"皮"。

　　"皮"字的本义指"剥取兽皮"，后由本义引申泛指"人或生物体表面的一层组织"。如动植物表面的一层称"皮层"，也是人类大脑皮层的简称；身体表面包在肌肉外部的组织称"皮肤"；"皮毛"是带毛的兽皮的总称，也指肤浅的知识。还有皮肉、皮疹、表皮、脸皮、肚皮、牛皮、头皮、眼皮、脱皮、猪皮等。

　　"皮"字由本义引申指"包在物体外面的一层东西"，如封皮、地皮、胶皮、书皮、画皮、果皮等词。由上义又引申指"片状的东西"，如草皮、粉皮、奶皮、铁皮、铅皮、橡皮、牛皮纸、橡皮膏等。

　　"皮"字由本义又引申指"皮制品"，如皮大衣、皮包、皮箱、皮带、皮革、皮鞋、皮靴、皮球、皮尺等。

　　"皮"字假借指"淘气"，如泼皮、调皮、顽皮、赖皮等。

　　"皮"字也作姓氏用。

"狗屁不通"和"狗皮不通"

别看丁呱呱才小学四年级，对钻研汉字可热心呢。这天，语文老师布置同学们搜集汉字谐音字的故事，丁呱呱想来想去，只知道"只许州官放火，不许百姓点灯"里"灯"和"登"这一个故事，别的再也找不到了。

这时，呱呱的表哥来作客。表哥是高中生，对动物学感兴趣，肚子里动物故事多得用箩筐装。两人下棋时，忽听"咕"的一声，好像有谁放了个屁。屋里就他俩，两人相视一笑，呱呱说："我没放屁！"

这时，家里养的泰迪狗，摇着尾巴走过来。呱呱说："该不是狗狗放的屁吧？"但他又吃不准，问表哥："狗狗会放屁吗？"

表哥满有把握地说："动物跟人一样，吃了食物会消化，从肠道里排泄出来，产生的气体也会从肠道出来，当然会放屁啰。"

丁呱呱不解地问："那人们为什么说狗屁不通呢？狗屁不通，就是说狗不会放屁啊。"

表哥被问住了，想了好一会儿，说："也许是借狗的名义，用来骂人的吧？就像狗屁不如，指及不上狗屁，表示很差。狗屁不通，指说话不在理或文章不通顺，差得像狗屁，臭不可闻。"

表哥作了这番解释，以为已说服了呱呱，但呱呱另有所想。他又追问："你说狗的皮能冒汗吗？能冒汗，说明狗皮跟人皮一样，跟肌肉是相通的，不能出汗，说明狗皮是不通的！"

表哥一听，"啊"的一声，赞叹道："哎呀，你这一说，我弄明白了。人皮肤上的毛孔是排汗的，能散发人的汗水和体温。而狗的皮上长满了浓密的狗毛，它不能排汗，完全靠伸长舌头来散发体温。这么说来，狗皮是不通的啊。"表哥说罢，又不解地问："可这又能说明什么呢？"

呱呱高兴地拍着巴掌说："这就是说，从前的人，很有可能指的是狗皮不通，后来的人听错了或者写错了，误解成狗屁不通了。'屁'跟'皮'谐音，容易搞错呀。"

表哥听了，连连点头："有可能，有可能！"

就这样，丁呱呱又找到了一个汉字谐音故事。

像折叠好的一匹布

pǐ 匹

金文 阝

小篆 匹

隶书 匹

楷书 匹

古代的"匹"字，是个象形字，也是个会意字。

金文的"匹"字，像折叠好的一叠布的样子。小篆的字形使其整齐化，隶变后楷书写作"匹"。

"匹"字也曾写作"疋"，这个字是"足"字的异体字，后被取消。

也有人认为，"匹"字是个会意字，由"匚"（fāng）和"八"两部分组成。"八"指把布帛叠成八折。古代存放布帛的方法，一般都是将布帛从两端向中间不断对折，每折叠一次称一折。从一端叠到中间有四折，共是八折，因此"匹"字当中有个"八"。此外，"匚"字的本义指"盛物的器具"，折叠之后的布帛就可以收藏了，所以"匚"字用在这里就表示收藏。

"匹"字的本义指"布帛的长度单位"。古代以四丈为一匹，现在则以五十尺或一百尺不等为一匹，也就是十七米或三十三米左右为一匹。

"匹"字假借指"相当，比得上"，如匹敌、匹配、难与为匹等。

"匹"字又假借指"单独，一个人"，泛指平常人称"匹夫"，如匹夫之勇用于国家兴亡，匹夫有责。

"匹"字作量词用，骡子、马等牲畜。

"匹"字也作姓氏用。

救命的一"匹"布

梁溪谜语研究会的几位老伙伴，不光研究谜语，也常由一两个谜面，引发出一个个有趣的故事。

这天谈到"匹"字，都感到笔画少，制谜难。小陶将收集来的谜面提供给大家参考："四方院墙一面坍，小儿住中间。"大家觉得这个谜面有意境，很传神。

就在大家议论"匹"字的当儿，马汉文写了个斗大的"匹"字请大家欣赏。这"匹"字颇有四方院墙一面倒坍的味儿，靠北的墙角，似有一小儿蜷曲着倚墙而坐。

老马伤情地说："我这辈子，有一匹布的情结。论书法很少有人写'匹'字，而我练字就常写'匹'字。倒不是出于匹夫有责的豪情，而是一匹布的悲情。"

这个故事，老马曾说过。那是抗日战争时期，马汉文的父亲在苏南做行商。有一年，他卖了家里的田产，又借了一大笔债，用这笔钱在无锡买了一条船的布运往苏北。当时马汉文有个哥哥，因患小儿麻痹症到无锡医治，这次也随船回去。一天夜里，当船行到高邮湖边一个小镇时，被驻扎在那儿的伪军拦住。船工们跳河逃命，马汉文父亲抱着儿子，又顺手挟起一匹布，躲进芦苇丛里。天蒙蒙亮时，他抱着儿子挟着布，爬到岸上，躲进村头土地庙里。这土地庙有个小院子，他让儿子倚墙而坐，又将一匹布靠墙放着，便出去找了户人家，说明原委，请求搭救。多亏这户人家，用船将他们父子连同一匹布送到建湖老家。他父亲就凭这匹布摆地摊，历经三年辛苦，日积月累，用赚得的钱还了债，还重谢了搭救他的那户人家。他用这救命的一匹布，又重建了家业，使全家得以生存。不幸的是，马汉文的哥哥因受惊吓又着了凉，回家没多久就去世了，死时才八岁。马汉文多次沿着父亲和哥哥所经历的那段行程，徒步探访。那土地庙还在，马汉文曾倚墙席地而坐，低头哭泣，久久不愿离去……

一个字谜，一则故事，一段历史，叙述的是国难家仇，人世沧桑。

身体排出的臭气——屁

pì 屁

屁 金文
屁 小篆
屁 隶书
屁 楷书

小篆的"屁"字与如今的"屁"字没有多大区别,是个形声兼会意字。外面的"尸"字作形符,表示这个字与人有关;里面的"比"字是声符,本义指"人身体排出的臭气",如放屁。

古代的"尸"字是个象形字,像一个横卧着的人。"屁"大多指人放屁,所以用"尸"作形符。

古人为什么用"比"作"屁"字的声符呢?因为"比"字有"并列、连续"的意思,还有"频频、屡屡"的意思,又有"到处""处处"的意思,如:比比皆是。而人放屁往往一个接一个,所以"屁"字用"比"作声符兼会意。

"屁"字由本义引申为"臀部",形容惊慌狼狈的样子称为"屁滚尿流"。

"屁"字也指"没有用或微不足道的事物",如屁话、屁大点事儿等。

"屁"字也泛指"任何事物",相当于"什么",多用于否定或斥责,如你懂个屁!你写的文章狗屁不通。

[瓦当欣赏]

秦汉瓦当

放不放由你——屁

清朝同治年间，慈禧太后专权，人称"老佛爷"。这老佛爷无聊时，常让京城名伶进宫为她唱戏说笑解闷儿。在众多名伶中有个唱丑角的刘成喜，不光戏唱得好，而且很会说笑话，常逗得老佛爷哈哈大笑。

这天，刘成喜进宫演完戏，在宫里四处看看，不料忘了时间。快关宫门时，才急匆匆向侧门外走去。按宫廷规矩，关了宫门，外人不许出入，违者有杀头之罪。刘成喜赶到侧门，只见一个身材高大的太监，背靠着石栏杆，半躺着，横在门前台阶上，在闭目养神。这太监有意刁难刘成喜，他说："你看我这样儿像什么？说对了，我就放你走！要不，哼！"

这太监原以为刘成喜会说他像卧佛。不料，刘成喜笑着说："你身子半躺，两腿平放，脚尖竖直，像个'比'字，外加你这个人算'尸'字，看起来，像个'屁'字啊。"

太监听了，刚要生气，刘成喜说："公公听着，请你千万莫气，自古以来，尸就是横卧的人嘛！"

太监没话可说，就又出个难题："都说你会说笑话，今儿，你得说个笑话，让我乐一乐。只许说一个字，就这一个字，得让我笑出声来，否则，绝不放你！"

刘成喜随口说："屁！"

太监问："此话怎讲？"

刘成喜一脸无奈地说："放不放由你！"

太监听了，不由哈哈大笑，随即放他出了宫门。

古代的凌迟酷刑——辟

pì 辟

甲骨文

金文

小篆

隶书

楷书

甲骨文的"辟"字是个会意字。字形的左边是一个跪着的罪人，正等待受刑的样子；字形的右边是"辛"字，指"刑刀"。这两个字形组合，指"对犯罪的人施加刑罚"。字形上还有小方块的形状，这小方块的状物表示是分割下来的部分。由此分析，这可能是古代的凌迟酷刑。"凌迟"是古代一种残酷的死刑，用利刀零碎地割下犯人的肉体致其死亡，也作"陵迟"，也称"剐（guǎ）刑"，即口语说的"千刀万剐"。

金文的字形由甲骨文演变而来，大致相同。小篆的字形承接金文。楷书的字形由小篆演变而来，写作"辟"。

"辟"字的本义为"行刑、惩罚"，读作"bì"。如死刑称"大辟"。因能主宰生死，下达死刑令的只有君主，所以"辟"字又引申指"君主"。众多诸侯称"百辟"，后泛指公卿大官。失位的君主复位称"复辟"，也指被推翻的反动者恢复原有的地位，或指被消灭的旧制度复活。"辟"字由本义引申指"排除"。如迷信者用符咒等避免或驱除妖魔鬼怪等邪恶，使不受侵扰，称为"辟邪"；扫除称"辟除"；古时有种养生方法，不吃五谷，以求长生，称为"辟谷"。

"辟"字是个多音字，读作"pì"时，是"闢"字的简化字。由"排除"引申指"驳斥"，如辟谣，即说明真相，驳斥谣言。还引申指"打开，拓展"，如开天辟地、独辟蹊径。再引申指"透彻"，如精辟。成语"鞭辟入里"，指言论或文章能透彻说明问题，切中要害。

"辟"与"复辟"

"辟"字作书面语，指君主，如复辟（bì）。

距今四千多年前的夏朝最后一任国君名叫桀（jié），这是个荒淫无道的暴君，他残酷压迫百姓，引起各个部落的反抗。在这些部落中，有个叫商的部落畜牧业发达，他们的首领叫汤，汤既有德性，又有才干，所以商的部落变得更加强盛。

汤有位得力的助手名叫伊尹，他协助汤联合其他部落打败了桀，消灭了夏朝，建立了历史上的商朝，定都亳（bó），即今日河南商丘一带。商朝的奴隶主贵族统治，前后维持了五百多年，更替了三十一个君王，直到周武王伐讨，建立周朝。

伊尹因对建立商朝有功，被汤封为阿衡，相当于后来的宰相。不久，汤去世了，太子太丁命薄，没继位就死了，只好由他弟弟继位。但不到三年，这新君王也因病死去，这样，宰相伊尹和别的大臣就立太丁的儿子太甲继位,他是商汤的长孙。

太甲登基后，不遵守商汤所立下的规矩，胡作非为，荒淫无度，尽情享乐，不问朝政。伊尹多次劝告，他置之不理，反而愈加猖狂。

伊尹出于公心，他果断地派人将太甲押送到商汤的墓地桐宫，在那儿为他建立了一座茅屋，让他住那儿反省（xǐng）自己的过错。在这期间，伊尹掌管朝政大权，将国家治理得井井有条，百姓安居乐业。

太甲在祖先墓地反省三年，终于有所觉悟。他悔过自责，决心洗心革面，重新做人。伊尹带着众位大臣常到桐宫考察，确认太甲已幡（fān）然悔悟，便举行隆重仪式，将他接回京城，让他恢复君主地位，向他交还治国大权。

太甲复位后，勤政爱民，秉公办事，谦恭下士，从谏如流，深得民心，诸侯都归服他。

太甲由被罢免放逐的君王，到后来又复位掌权的国君，后人将此称为"复辟"。本义就是恢复原来的地位，并无贬义。

一字一世界

用比喻说明事理——譬

小篆的"譬"字是个上下结构的形声字兼会意字。下面的"言"字作形符,表示跟言语说话有关。"譬"字上面的"辟"字读(pì),作声符并会意。

"辟"字与"言"字组合,指"用比喻的方法说明事理"。因是用打比方来说明事理,这跟说话言语有关,所以古人用"言"字作"譬"字的形符。

古人为什么用"辟"字作"譬"字的声符呢?

甲骨文的"辟"字是个会意字,本义指"行刑、惩罚"。后来引申指"法度、开拓"之义,所以才有后来的"开发""开辟"这些词。后又由"开辟""开发"引申指"打开"。由"打开"又进一步引申指"透彻"。当一个人要把事理说清楚,把难题剖解得很透彻,就不得不打比方、举例子来加以说明,这就有了譬如、譬喻这些词,所以古人就用"辟"字作"譬"字的声符并会意。

楷书的字形由小篆演变而来,写作"譬"。"譬"字的本义指"打比方、打比喻"。与"譬"字组的词不多,常用的是譬如、譬喻、譬方、设譬这几个词,都是"举例子、打比方"的意思。

苏东坡妙说"譬"字

北宋大文学家、大诗人、大政治家苏轼,号东坡居士。他为人谦和,平易近人,常跟朋友在一起吟诗作对,猜谜行令,也讲些无伤大雅的笑话,引得哄堂大笑,留下许多佳话。

却说有一次在杭州,苏东坡的好友佛印和尚和他的妹夫秦少游等人来看望他。他便在西湖边一家酒楼设宴,跟众多朋友聚餐。筵席上,少不得谈诗论文,寻章摘句,相互唱和,偶尔谑(xuè)而不虐(nüè),互相开个玩笑。

每逢这种聚会场合,苏东坡必定是中心人物。这天,酒过三巡,苏东坡谈兴正浓,不料,他忍不住"咕——"的一声,放了个响屁,桌上不少人掩嘴而笑,苏东坡却装着没这回事的样儿,照样谈笑风生。然后,他话锋一转,提出要在场的人,每人必须说一句古书上带有"譬"字的话。这也不难,但佛印和尚要苏东坡先说,给大家示范一下。苏东坡也不推让,随口说:"《诗经·大雅》上有一句'取譬不远'。"

众人都点头称是。佛印和尚接口道:"《后汉书》有一句'譬诸外戚'。"众人都点头认可。

秦少游道:"《后汉书》中还有一句'言之者虽诚,而闻之者未譬。'"这里的"譬"字表示"知道"。

秦少游话音刚落,苏东坡连连摇手说:"不对!不对,你们说的完全不合规矩,该罚酒!该罚酒!"

秦少游不服气:"哪一点不合要求?难道我们说的'譬'字不是从古书中摘引下来的吗?"

苏东坡笑道:"你等所引的'譬',虽都来自古书,但跟我相比,上下不同。我的'譬(屁)'在下面,不像你们的'譬'在上面!"

此言一落,众人都相对而视,继而都抚掌大笑。苏东坡用"譬""屁"及"辟"三字谐音,跟大家开了个玩笑。"譬"字上面是"辟"字,下面是"言"字,也就是说,你们说的"譬"字里的"辟"字在上面,而我放的屁在下面。这个玩笑,真是妙不可言。

文学大家,连说个笑话也大有文化。

一字一世界

人头斜向一边——偏

piān
偏

偏 金文
偏 小篆
偏 隶书
偏 楷书

　　小篆的"偏"字是个左右结构的形声字兼会意字。左边的"单人旁"指"人"，作形符，表示跟人有关。"偏"字右边的"扁"字读"biǎn"，作声符并会意。"扁"字与"人"字组合，指人的头斜向一边。因是指人的头斜向一边，这跟人有关，所以古人用"人"字作"偏"字的形符。

　　古人为什么用"扁"字作"偏"字的声符呢？

　　小篆的"扁"字是个左上包围结构的会意字。左上方是"户"字，右下方是"册"字。这两个字形组合在一起，指悬挂在门户上或墙上题有文字的长方形的牌子，即今日所指的"匾"，或称"匾额"。"匾额"有时会挂得不正，斜向一边。"偏"字取其歪斜不正之义，所以用"扁"字作声符并会意。

　　楷书的字形由小篆演变而来，写作"偏"。

　　"偏"字的本义指"人头斜向一边"，引申指"不正、倾斜"。如偏离了规定的标准或方针政策的缺点错误称"偏差"；离开正路，方向偏了称"偏离"；纠正偏向或偏差称"纠偏"。还有偏旁、偏生、偏房、偏方等词。"偏"字还引申指"不公正、不全面"，如只喜欢吃某种食物称"偏食"；心里偏向一方，处理问题不公正称"偏心"。还有偏爱、偏护、偏激、偏见、偏颇、偏僻、偏题、偏远、偏重、偏执等词。"偏"字还假借指"出乎意料"，表示"正好、恰好"，如偏偏、偏巧、偏偏巧等。

"偏"和"偏听偏信"

"偏"字作形容词用,指不正、倾斜,跟"正"相对,如太阳偏西了。"偏"字也用来形容仅注重一方面,或对人对事不公正,如兼听则明,偏信则暗。

成语"偏听偏信",指只听信一方面的话。说起这一成语的出典,有段历史故事。

唐朝初年,有位杰出的政治家名叫魏征,他是河北馆陶人。少年时家中贫困,曾出家当过道士。隋朝末年他曾参加李密领导的瓦岗军起义,瓦岗军失败后归顺唐朝。唐太宗看中他的为人与才干,先后任命他为谏议大夫、秘书监等职,参与朝政。他敢于直谏,常用隋朝灭亡的教训提醒唐太宗,为唐太宗出谋划策,先后陈事二百余件,平日与太宗皇帝的交谈进言,更是不计其数。据说唐太宗对他也很敬重,甚至有点惧怕他。

据《新唐书·魏征传》记载,一天,太宗与魏征闲谈。太宗问:"为君何道而明?何失而暗?"

魏征答道:"君所以明,兼听也;所以暗,偏信也。"

这话的意思是:贤明的君主之所以贤明,是因为他能海纳百川,听取各方面的意见。而有些君王之所以昏庸,是因为他只爱听少数几个人的话,看不出事物的本质,分不清是非。

魏征与唐太宗的这段对话,在《资治通鉴》中记得很详细。魏征为了说明"兼听则明,偏信则暗"的道理,还举了古代贤君尧与舜的例子,说他们善听四面八方各种不同的意见,所以才得到百姓的拥护和爱戴。又举了秦二世、隋炀帝的例子,说他们偏听偏信,才遭致灭亡的下场。

后人将魏征讲的"兼听则明,偏信则暗"作为成语流传下来。在魏征之前,也有人说过类似意思的话。如春秋时期的管仲就说过:"别而听之则愚,合而听之则圣。"意为:个别片面地听则容易愚昧,综合全面地听才是圣明。

后人将"兼听则明,偏信则暗"这句话紧缩为"偏听偏信",形容片面地听信不全面的意见。这里的"偏"字就有只注重一方面,对人对事不公平的意思。当然也包括倾斜、倾向于某一方面的意思。

完整诗文编成册——篇

piān
篇

篇 小篆

篇 隶书

篇 楷书

　　小篆的"篇"字是个上下结构的形声字兼会意字。上面的竹字头作形符，表示跟诗文有关。"篇"字下面的"扁"字读"biǎn"，作声符并会意。"竹"字与"扁"字组合，指将首尾完整的诗文用绳编在一起即为篇。

　　古代的诗文是写在木片上或竹片上的。写在木片上的称"木简"，也称"牍"（dú），如文牍、尺牍、案牍。写在竹片上的称"竹简"。一般用丝绳或皮带把写在木片或竹片上首尾完整的诗文编在一起，便于阅读。这跟竹子有关，所以古人用"竹字头"作"篇"字的形符。

　　古人为什么用"扁"字作篇字的声符呢？

　　有学者认为，"扁"字指古代悬挂在门旁表示门户等级的小木牌，取其书写之义，所以用"扁"字作"篇"字的声符并会意。

　　楷书的字形由小篆演变而来，写作"篇"。

　　"篇"字的本义指"首尾完整的文章"。如"篇"和"章"称"篇章"，泛指文章。书中章节的标题、目录称"篇目"；文章的长短或书籍报刊等篇页的数量称"篇幅"；"篇"和"页"称"篇页"；开始写作某作品，或小说的开端及弹词演唱之前的唱段称"开篇"。还有诗篇、中篇、长篇、短篇、连篇、遗篇、千篇一律等词。

　　"篇"字由本义引申作量词，多用于纸张、书页或文章等，如三篇小说、两篇论文等。

"篇"和"连篇累牍"

公元581年，北周大臣杨坚夺取政权，自己称帝，建立隋朝，这便是隋文帝。隋朝于公元618年灭亡，虽然只有短短三十七年，但这是一个自东汉灭亡后，历经三百多年，终于使全国重新形成统一局面的朝代。

杨坚在位时，他强化中央集权，简化地方政权，把州、郡、县三级，改为州、县两级，又合并了不少郡县。在官员任用上，采取以才选人的办法，使不少有才学的人进入官场，其中不乏一些有识之士。

当时朝廷有位治书侍御史李谔，负责朝廷档案文书之类的事务。这人文章写得好，而且理论水平高，对当时的文风有独到的见解。

魏晋南北朝的文风，对隋朝有很大影响。当时文人写文章，都极力追求辞藻华丽，过多地引用典故和古诗文中现成的词语，使人读了觉得内容空洞，语句浮夸，不切实际。李谔为此特地上书隋文帝，请求改变这种文风。他上书的奏章题为《请正文体书》，其实就是一篇有关纠正文风，准确使用语言文字的论文。《隋书·李谔传》中记载论文中有这么一段：

……竞骋文华，遂成风俗。……遗理存异，寻虚逐微，竞一韵之奇，争一字之巧。连篇累牍，不出月露之形；积案盈箱，唯是风云之状。

这段话的意思是：写文章竞相比词句华丽，这已成了股歪风。所写文章无实质内容，讲不出什么道理，只写细微枝节，只讲究一个韵的奇巧，一个字的奇妙，这样的文章一篇又一篇，以至于堆满书桌，装满箱子，尽是一些风花雪月之类空泛的描写，这有什么意义呢？有什么用处呢？

李谔的这篇文章，对当时的文风起了冲击作用，后来成为文学史上一篇著名的论文。后人还将文中的"连篇累牍"作为成语流传下来。这里的"连"字指接连不断，一篇又一篇文章；"累"字表示积累得很多，连续不断；"牍"字，指书信文件。现在，人们用"连篇累牍"来形容数量多而内容重复空洞的文章或文件档案。

骗马后跃身而上

pià n
骗

古代的"骗"字,是个左右结构的形声字兼会意字。左边是马,表明这个字与马有关。右边是"扁"字,表示读音。

"骗"字与马有什么关系呢?这就要从古人的生存状态说起。

古代的主要交通工具,除了江河里的船舶,便是骑马和坐轿子了,而骑马是最主要的。马的性子刚烈,不轻易让人骑上去。骑马人在跨上马背前,先要拍拍马背,撸撸马毛,以示友好,以此来分散马的注意力,然后趁其不备,一跃而上,骑上马背,这就是使马上当受骗。因此,"骗"的本义就是"骗马后跃身上马"。

古人之所以用"扁"作"骗"的声符,是因为"扁"是"偏"的简省写法。而"偏"有"侧"的意思;"侧"就是侧面。人在骑上马背前,必须从一侧上去,所以用"扁"作声符并会意。

骗马,也就是欺骗,引申为"骗人,使人受骗"。欺骗的手段多种多样,有行骗、诱骗、诈骗、谎骗、拐骗等。

用欺骗的手段取得叫做"骗取"。骗钱、骗物、骗色的人,称为"骗子"。

騙
小篆

騙
隶书

骗
楷书

马受惊吓踏扁箱子——骗

元朝末年,有位著名的画家名叫王冕,小时候家里穷,只好给财主放牛,偷空儿到私塾窗口,听教书先生讲课,识了一些字。

有一天,王冕和几个长工去找财主结工钱,谁知财主见面竟先说起了故事:"很久以前,有一群穷光蛋挖到了一个宝瓶,便砸碎了,一人分了一块,结果这价值连城的宝贝变成了一文不值的废物。"讲到这儿,财主阴笑起来:"这是个猜字故事,你们要是猜对了,工钱我保证一分不少,若猜不对嘛……"

王冕知道他这故事,归结为一句话,就是"穷人分宝还是穷"。谜底是个"贫"字。看来这个坏家伙是想赖账。于是王冕也微微一笑,不紧不慢地说:"那好,我也说个字谜故事,看看财主老爷能不能猜出来。"

王冕有声有色地说起来:"从前有个财主,和别人合伙做生意,赚了一箱子珠宝后,就偷偷用马驮回了家。第二天,合伙人来找财主分珠宝,财主说昨晚马突然受了惊吓,发起狂来把箱子踩扁了,那些珠宝也都不翼而飞了。"

听完王冕这个故事,财主眼睛直眨,想破了脑袋也想不出个所以然。就在这时,王冕在一旁大声说道:"这'马受惊吓踏扁箱'就是个'骗'字呀,难道财主老爷连这个字也猜不出来?"

财主知道王冕是在讥讽自己,脸一红,只得老老实实把工钱付给了他们。

一字一世界

拂去尘垢——撇

pīe 撇

小篆的"撇"字是个左右结构的形声字兼会意字。左边的"提手旁"是形符，表示跟手的动作有关。右边的"敝"字读"bì"，作声符并会意。这两个字形组合在一起，指"拂去灰尘和污垢"。因拂去尘垢要用手掸或擦抹，所以用"提手旁"作形符。

古人为什么用"敝"字作"撇"字的声符呢？因为"敝"字有"破败"的意思。成语"敝帚自珍"中的"敝"字就是指"破旧的扫帚"。在"撇"字中，"敝"字指"破败的东西"，而破败的东西大多容易积灰尘和污垢，要经常去打扫清除，所以"撇"字用"敝"字作声符并会意。

楷书的"撇"字由小篆演变而来，写作"撇"。

"撇"字的本义指"拂去灰尘污垢"，引申指"丢开、抛弃"，如撇开、撇弃、撇下等。

"撇"字由本义引申指"由液体表面舀取"，如把上面的油沫儿撇掉。

"撇"字是个多音字，读作"piē"时，由"抛弃"引申指"平着扔出去"，如从水面上将瓦片撇过去。

"撇"字还假借指汉字的一种笔画，如一撇一捺。由上义又引申指"像撇的"，如两撇胡子。

小篆 撇
隶书 撇
楷书 撇

半空中"撇"下秋来

　　古人相聚，无论是喝茶聊天，还是对酌小饮，都喜欢吟诗作对，各显文才，以助雅兴。却说宋朝大文学家苏东坡，在杭州任职时，在公务繁忙之余，常约好友佛印和尚及三两知己，沿湖岸长堤，漫步而行，一边观湖光山色，一边谈诗论文，借以消除烦恼，修身养性。

　　这年初春，苏东坡与佛印和尚和几位诗友，到西湖踏青。沿西湖的堤岸，一棵柳树一棵桃树，真是桃红柳绿，莺歌燕舞，美不胜收。此时柳树吐花，一片片柳絮形成白色的绒毛，随风飞散，落到地上，聚成一个个轻柔的空心圆球，在微风吹拂下，在草地上轻轻地滚动。这一生动景象，引起佛印和尚的注意，他经一番观察，再三推敲，终于想出一句上联，要苏东坡及同行者对出下联。这上联是：

　　杨柳飞花，平地上滚将春去。

　　这句上联，描述了柳絮飞花结成球，迎向春天，意在欢呼春天的到来。一个"滚"字，突出了柳絮结成圆球，欢快滚动的形状，给人一种热情奔放，欢欣鼓舞的愉悦感。苏东坡捻着胡须，走了好一段路，没能对出下联。

　　日月如梭，转眼春去夏至，夏去秋来。这天，苏东坡又约了佛印和尚等几位朋友，到西湖赏菊。菊园里有几棵梧桐树，此时一阵秋风吹过，树枝上一片片梧桐叶飘落下去，落在地上。苏东坡见此情景，对众人说："诸位还记得开春时佛印大师出的那句上联么？今日我对出下联了。"说罢吟道：

　　梧桐落叶，半空中撇下秋来。

　　这下联"梧桐落叶"与上联"杨柳飞花"相对；"半空中"与"平地上"相对；"撇下秋来"与"滚将春去"相对。其中"撇下秋来"中的"撇"字，用得极妙。梧桐叶从半空中飘落，如同秋天就这么被抛下来了，这就是"一叶知秋"。这个"撇"字，在这里起到了画龙点睛的作用。在场的人听了，无不拍手叫好。

一字一世界

宝贝分光所以贫穷

pín
贫

古代的"贫"字是一个会意字。"贝"表示财物，财物分散了自然就贫了。所以"贫"的本义是"财物分散而变得少了"。

随着时间的发展，"贫"的这个意思已经用得不多了，现在的"贫"字在原来意义的基础上引申为"穷"的意思，与"富"相对，如贫苦、贫困、贫民等，这是"贫"字最基本的用法。

财物分散了自然会显得少，所以"贫"还有"缺少、不足"的意思，如贫血、贫油等。

"贫"的意思也经常和矿石有关。在采出的矿石中，品位低的矿石叫作"贫矿"。

"贫"还可以形容一个人唠叨可厌、爱耍嘴皮子。"贫嘴"指爱说废话或开玩笑。"贫嘴滑舌"指爱多说话，言语尖酸刻薄，而且油滑，使人讨厌。

金文

小篆

隶书

楷书

齐·王僧虔

梁·萧子云

明·祝允明

明·董其昌

《隶辨》

老秀才写诗教子——贫

明朝天启年间,扬州城里有位老秀才名叫丁天元。丁家属书香门第,出了不少名人才子。丁天元虽不是达官贵人,但他熟读诗书,为人正直,敢说公道话,在当地颇有名望,人称"老秀才"。

老秀才常为人排忧解难,但他自己有一大难题:他的小儿子好赌成性,成了个人人讨厌的赌徒。

老秀才对这有辱家门的小儿子,多次训斥,但都不见效。这天,他在院子里的山墙上写了首诗,要小儿子进出都要读一遍,否则不准进家门。这首诗是这样的:

贝者之人不是人,只为今贝起祸根。
有朝一日分贝了,成了贝戎人人恨。

小儿子识不了几个字,看不懂这首诗。老秀才一字一句解释道:"第一句,'贝''者'两字合为赌字。赌博的人内瞒父母妻儿,外骗亲戚朋友,这还能算人吗?"

小儿子听了,低头不语,老秀才又说:"第二句,'今''贝'两字合为贪字。赌博的人都想不劳而获,贪得无厌。人若一旦有了贪心,什么坏事都干得出来,这就给自己埋下了祸根。"

小儿子听了,吓得脸色惨白。老秀才又说:"第三句,'分''贝'二字合在一起为贫字。赌博的人赢了钱就大吃大喝,输了钱就东借西挪,结果债台高筑,能不贫困吗?"

小儿子听了,惊得两眼发直。老秀才又说:"第四句,'贝''戎'二字合在一起为'贼'字。赌博的人若不改过自新就会成贼。穷困之余,非偷即盗。偷不到便谋财害命,杀人放火,到那时,只有杀头坐牢,自寻死路了。"

小儿子听了,吓得头上冒汗。他暗下决心,不再赌博,老秀才又严加管教,这小儿子戒了赌,又跟随父亲读书识字,不久便考中秀才,后来还中了举人。

三"口"表示众多——品

pīn
品

甲骨文

金文

小篆

品 隶书

品 楷书

甲骨文和小篆的"品"字，都是由上面一个"口"，下面两个"口"，共三个"口"字组成，是个会意字。

三个"口"，不是指三个嘴巴，而是代表物体。三个，也不是仅仅只有三个，在这里表示很多。所以"品"字的本义是"众多"的意思。

"品"由"众多"之意，转而用作指"物体"，如物品、商品、产品、礼品、成品等，也指事物的种类，如品种、品类等。

物品多了，就有好坏之分，所以"品"字有"等级"的意思，如上品、下品、次品、极品、外品等。

由物体的好坏，"品"字又有"本质、实质"的意思，如品质、品德、品性、人品等。

在众多物品、人品中，又有辨别、评价的需要，所以"品"字又组成品茶、品味、品尝、品头论足等词。

[瓦当欣赏]

秦汉瓦当

想做一"品"官

关于"品"字,民间有段乾隆皇帝猜"品"字的故事。

钱维城是清朝乾隆年间的名人,诗文书画样样精通,被朝廷封为二品刑部左侍郎。正当他大展才华的时候,却突然患上了疾病。

一天,大学士刘纶去看望他。他告诉刘纶,说自己昨晚做了个梦,梦中见到一块石碑,上面写着三个大字:"哀哀哀"。

刘纶听了,就把这番话告诉了乾隆皇帝。乾隆皇帝听后,立即下旨赐钱维城为一品刑部尚书。

刘纶知道皇上已经领会了意思,还故意问道:"陛下,您怎么突然加封钱维城的官职呀?"

乾隆哈哈大笑,回答说:"这哀中是口,三个哀便是三个口,合在一起是个'品'字,这钱维城都做到二品官了,不就是想做一品官吗?到了这个时候,他还能想什么!"

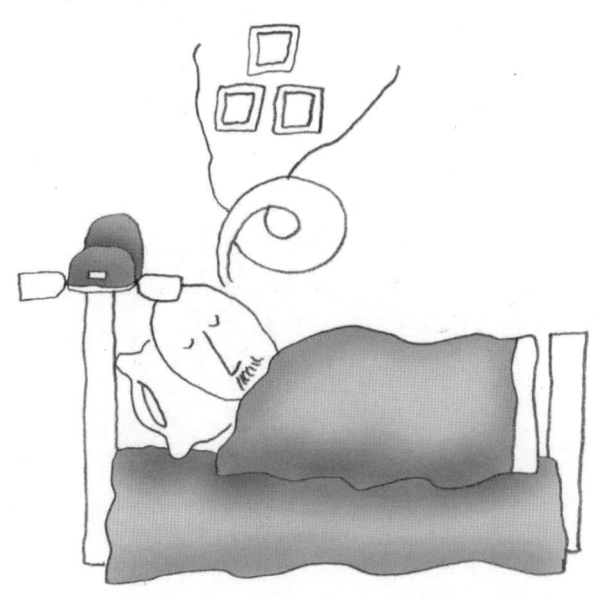

乐声平缓

píng
平

乎 金文
平 小篆
平 隶书
平 楷书

金文的"平"字是个会意字，它由"亏"和"八"组成。亏字，读"yú"，即"于"，表示"乐声婉转"，后写作"于"。小篆的"平"字与金文相似，隶变后楷书写作"平"。"于"字在这里表示"气息平直地舒放出来"，"八"字表示分散，两形合一指"平均分散"，本义指"语气平直舒缓"。

也有人认为，这两个字形指"音乐声婉转平缓"，总之是表明气舒出后缓缓散开，不郁结在心中，这样才心平气和。

还有人认为，"平"字用两线平行、两点平均来表达"平面、平均、平衡"等含义。这一说法，不无道理。

"平"字的本义指"乐声平缓"，引申指"语气平舒"，再引申指"安舒、安定、安静"，如平和、平静、平稳、太平、平安、心平气和、平心静气、平易近人等词。由此再引申指"表面没有高低凹凸，很平整"，如平板、平地、平川、平房、平滑、平缓、平面、平视、平台、平坦、平头、平原、平足、扁平、水平、平面图、地平线、海平面、风平浪静、一马平川等。

"平"字由"平坦"这层意思引申指"使其平"，如平反、垫平、拉平、扯平、铺平、踏平、铲平、填平、削平、夷为平地等。

"平"字由"使其平"又引申指"用武力平定"，如平叛、平息、荡平、扫平、平靖（jìng）等。

"平"字又假借指"均等、公正"，如平辈、平等、平分、平衡、平均、平行、平列、持平、公平、不平则鸣、路见不平等。

"平"字还假借指"普通的、经常的"，如平常、平凡、平民、平日、平时、平素、平庸等。

"平"字也作姓氏用。

苹果园里很"平"静

测字的种类分好多种。除了以字求占，还有以字梦求占，就是将求测者梦中见到的字，或者梦中的情景化解为一个字，然后再依据这个字来求占。这种测字方法，已将解梦与解字巧妙地结合起来了。

却说苏北阜宁县益林镇的胡德先，虽已过了中年，但为人勤奋好学，对汉字情有独钟，且刻苦钻研，对测字颇有研究，在当地方圆百里，颇有名气。胡德先能把握分寸，不为钱财坑蒙诈骗，经常有意识地说些开导人的善言吉语，化解一些人的心结，消除人与人之间的矛盾，所以当地乡村干部对他颇为尊重。有一次张吴村的种粮大户张金富和水果大户吴荣喜，为相邻田埂上的一条小路争执不下，是他协助村长，化解了矛盾。

可事隔不久，水果大王将胡德先请到果园，将门关上，既紧张又神秘地说："德先呀，不得了，我这果园闹鬼了。眼看苹果梨子成熟了，有坏人打我主意了。"原来，昨夜吴荣喜一人睡在果园，他怕有人溜进来，直到半夜才迷迷糊糊睡着了。可没多久，只听"砰"的一声响，有人用石头砸大门。他一下子惊醒了，爬起来看看，却没一点动静，真是活见鬼了。

胡德先听罢，仔细地看了下大门，完好无损，地上也没石头。

胡德先开导吴荣喜："吴大爷，你是心情紧张，一直担心有人来砸门。日有所思，夜有所梦，就梦见有人扔石头砸门了。门的油漆光亮，石头在哪儿？只是梦嘛！你这梦叫'砰'然投石，'砰'的一声，把你吓醒了。按测字规矩来说，这'砰'字是象声词，左边'石'字旁，右边'平'字声。你听到'砰'的一声，石头扔掉了，只剩下'平'字，那就是平安无事、平平安安嘛。"

吴荣喜想想也有道理。他领着胡德先在果园里参观，还送他一筐苹果作小礼。

胡德先见苹果园里收拾得干干净净，没有一点杂草，不由赞叹道："吴大爷，我送你一句吉利话。"说着写了个"苹"字，又将"苹"字上的"草字头"去掉，剩下个"平"字，说："这就叫'苹果园里无杂草'，平平安安呀。"吴荣喜虽识字不多，但"苹"字和"平"字还是认识的。听了这番话，他喜上眉梢，笑得合不拢嘴。

议论事理求公正——评

píng 评

"评"字是个后起字,《说文解字》中未收录。

小篆的"评"字是个左右结构的形声字兼会意字。左边的"言字旁"作形符,表示跟言语有关。

"评"字右边的"平"字读"píng",作声符并会意。"平"字与"言"字组合,指"议论事理,以求公平"。因是议论事理,这跟讲话言语有关,所以古人用"言"字作"评"字的形符。

古人为什么用"平"字作"评"字的声符呢?

金文和小篆的"平"字是个会意字,本义指"舒气平缓",或指"音乐声平缓"。后来引申指"平坦",又假借指"安定""平静",由此又引申指"公正""公平"。正因为"平"字有"公正公平、平等"之意,而议论事理求公正、求公平与"平"字的字义相吻合,所以古人用"平"字作"评"字的声符并会意。

楷书的字形由小篆演变而来,写作"評",后简化为"评"。

"评"字的本义指"议论",如评论并介绍称"评介",议论或批评称"评论",评论和评价称"评说",评论和分析称"评析",指出优缺点称"批评";评论高低优劣称"品评"。还有评书、书评、评语、评注、社评、影评、评头论足、短平、妄评、好评、讲评等词。

"评"字由本义引申指"判定"。如评论断决称"评断",评定功绩称"评功",评定人或事物的价值称"评价"。还有评奖、评级、评薪、评选、评分等词。

小篆 評
隶书 評
楷书 评

评事街说"评"字

民国年间，南京夫子庙文德桥头有位测字大师名叫胡铁嘴，胡铁嘴曾在老城南评事街住过，那里有他家祖屋，还有不少亲友。评事街是条有千余年历史的老街，曾是南京最繁华的地区之一。那里以卖牛肉汤、牛肉面、牛肉锅贴和干切牛肉闻名，原称"皮市街"，后来讹传为"评事街"。

这天，胡铁嘴到评事街办事，在街头卖牛肉锅贴的马三爷一把将他拉进屋里，说要测个字，他跟对门卖锅贴的常小五打官司，看能不能赢。啥事呢？常小五为招揽顾客，凡买满十只锅贴额外奉送一只，马三爷认为他这是坏了行规抢了他生意。胡铁嘴说："你说个字吧，以字说事，要不你会怪我偏心眼和说话不公道。"

马三爷说："你来评事街评理，就测'评'字吧。"

胡铁嘴让他找来纸笔，写了个"评"字道："'评'字是'言'旁加'平'，不平则鸣，你心中不平，说出来也好，让人家评评嘛。俗话，货比三家，各家货色有好有坏，价格有高有低，并非一碗水端平。平与不平，各有算计。他为做大生意，买十送一，顾客实惠，他也赚钱了。是对是错，顾客心里有杆秤也称得出来，你跟人家打官司能赢吗？"

马三爷低头不语，胡铁嘴又道："你看这'评'字右边的'平'字像个天平，左右两边各有一点是称金银的戥（děng）子，两边平衡就是重量相等。这两点又像一双眼睛直直地瞪着，看两边平不平。"

马三爷道："人心是杆秤嘛，这我懂。"

胡铁嘴又写了个"平"字，倒过来给马三爷看，说："'平'字倒转为'金'字底，'啬'指吝啬，是小气鬼，把钱看得太重，对顾客不肯让利。常小五子送一个锅贴，表明他有脑子，有气魄。他薄利多销，经营有方，生财有道，他没掺假，也没短斤缺两，又没偷你抢你，碍你什么事？有种你就吆喝买十个送三个，这才叫硬气！"

胡铁嘴这一说，马三爷的脸挂不住地红了。

胡铁嘴仗着长他好几岁的身份告诫他："'评'字音同'凭'，凭据的凭。说话做事特别是打官司，要凭真凭实据，不能讲歪理。歪理讲多了，在评事街就待不下去了。"

靠着茶几而坐——凭

píng 凭

小篆的"凭"字是个上下结构的形声字兼会意字。下面的"几"字作形符,表示跟茶几、小桌子之类的家具有关。上面的"任"字读"rèn",作声符并会意。"任"字与"几"字组合,指"人靠着矮小的桌子,席地而坐"。因为"几"字指的是"矮小的桌子",如茶几之类。古人跟今人不同,大多是席地而坐,身子靠着茶几,这样舒适方便,所以古人用"几"字作"凭"字的形符。

古人为什么用"任"字作"凭"字的声符呢?

"任"字有"担任、担当"之意,也有"承受"之意。而"凭"是承受人之所靠,所以古人用"任"字作"凭"字的声符并会意。

楷书的字形由小篆演变而来,写作"凭"。

"凭"字的本义指"靠在物体上"。如靠着栏杆称"凭栏";靠着茶几称"凭几"。

"凭"字由本义引申指"倚持、倚靠",如站在高处向远处看称"凭眺",凭借险要的地势称"凭险",根据、倚靠称"凭证",倚仗、依靠称"凭仗"。

"凭"字由上义引申指"证据",如作凭证用的单据称"凭单",作为凭证用的东西或证据称"凭据",信赖、相信称"凭信"。由上义又引申指"根据",如凭票付款、凭空捏造、凭票进站等。

"凭"字假借指"听任",如任凭、听凭等。

对着遗憾或坟墓等怀念称"凭吊"。

凭 小篆
憑 隶书
凭 楷书

全"凭"一片心

抗日战争时期,新四军的军部设在江苏盐城。离盐城几十里路,便是建湖县,离建湖县不远有个蒋营镇。有一次,新四军打退了日寇和伪军的进攻,大获全胜还缴获了大批枪支弹药。陈军长率军队驻扎在蒋营休整,陈军长住在老秀才马如融家,两人见面时常亲切交谈。

这次新四军驻扎蒋营,镇上的士绅公议,在河东那十几亩空地上搭了个戏台,请来有名的筱家班淮剧团演出,恭请陈军长和将士们看戏。陈军长准时赴约。他在前排矮凳上坐下,抬头一看,见戏台两旁悬挂一副对联:

> 乘风破彼千层浪,
> 抗日凭公一片心。
> 横批:欢迎陈军长

演戏间歇,陈军长指指对联,笑问道:"这对联的字是哪位先生写的?"教私塾的吴润生老先生拱手说道:"献丑,献丑,还望军长指教。"陈军长赞道:"笔力雄健大气,老先生书法功底很深啊。今后宣传教育等事项,还望大力支持。"吴润生连连点头。陈军长又问:"这副对联,也是你的手笔?"坐在陈军长身旁的马如融起身答道:"此联是老朽所拟,不当之处,请将军指正。"陈将军说:"老先生宿学旧儒,文笔极佳,只是对本人有过誉之处,愧不敢当。如若老先生不见外,我想冒昧改动几个字,不知可否?"这时,吴润生掏出对联原稿奉上,陈将军也不再客套,掏出笔,在上面改动了几个字。

第二天,戏台两旁的对联重新写过挂上:

> 乘风敢破千层浪,
> 抗日全凭一片心。
> 横批:军民同乐

细心的人若将这两副对联作一比较,当可看出陈军长改后对联的高妙之处。特别是"全凭"和"凭公"一词,还可看出陈将军的文才和为人。